电子商务背景下市场营销研究

冯　军　周佳琪　盛　航◎著

吉林出版集团股份有限公司 | 全国百佳图书出版单位

图书在版编目（CIP）数据

电子商务背景下市场营销研究／冯军，周佳琪，盛
航著. -- 长春：吉林出版集团股份有限公司，2024.3
　　ISBN 978-7-5731-4668-7

　　Ⅰ. ①电… Ⅱ. ①冯… ②周… ③盛… Ⅲ. ①电子商
务-市场营销-研究 Ⅳ. ①F713.365.2

　　中国国家版本馆 CIP 数据核字（2024）第 056364 号

电子商务背景下市场营销研究

DIANZI SHANGWU BEIJING XIA SHICHANG YINGXIAO YANJIU

著　　者　冯　军　周佳琪　盛　航
责任编辑　蔡宏浩
装帧设计　万典文化
开　　本　787 mm× 1092 mm　1/16
印　　张　11.75
字　　数　230 千字
印　　数　1—2000
版　　次　2024 年 6 月第 1 版
印　　次　2024 年 6 月第 1 次印刷
出　　版　吉林出版集团股份有限公司
发　　行　吉林音像出版社有限责任公司
　　　　　（吉林省长春市南关区福祉大路 5788 号）
印　　刷　吉林省信诚印刷有限公司
标准书号　ISBN 978-7-5731-4668-7　　定　价　60.00元

Foreword

前　言

在电子商务不断发展的时代背景下，企业市场营销范围进一步扩大，开始向全球蔓延，以往消费者大多受空间地域的限制，只能够购买本地产品，对于外地乃至国外的产品了解不充分。但电子商务的兴起能够促使企业在跨境电子商务平台的基础上扩大营销范围，不但有国内产品，也有国外产品。消费者购买国外产品变得更加容易，只需要使用国际电子商务平台简单操作便可以顺利购买。由此可见，企业在电子商务大规模推广过程中能够有效打破市场壁垒，实现"走出去"的目标。

在电子商务背景下，若想切实提高市场营销策略的实施效果并提高营销效率，务必积极健全现有的网络环境，搭建更加优质的网络营销平台，加大基础设施建设力度，为后续更好地开展网络市场营销活动创造良好的条件。企业在发展过程中不可避免地会面临一定的资金问题，而在传统的营销方式下，大多采用活动宣传、投放广告及发传单等形式，帮助商品打开知名度、扩大影响力，但这些方式在实际应用阶段难免会受到资金和相关条件的制约。基于此，企业应当在现有的基础上加大市场营销策略创新力度，最大限度地避免影响市场营销策略的持续平稳实施。加大力度开展网络营销平台建设工作，积极同电子商务平台展开合作，进一步提升各种网络资源的利用效率。

无论是传统的实体企业还是新型的电子商务行业，企业在经营管理发展过程中最为核心的部分便是人才支持，人力资源是影响企业市场营销方案落实成效的重要因素。人才作为企业发展的原动力，更是当前新时代的核心竞争力。电子商务的诞生时间较短，虽然发展速度较快，但从实际情况来看，其当前仍属于一种新型的贸易方式，其中，涉及新型的网络贸易服务及网络技术专业知识。基于此，电子商务企业应当积极培养网络营销人才，为行业的整体发展提供源源不断的动力。企业应当组织营销人员不断学习科学有效的营销方式和营销模式，搭建起一支能够同当前电子商务时代相契合的市场营销队伍，并保障其专业化及现代化水平，帮助企业积极融入新时代经济发展，选择更加科学有效的市场营销策略和方案。

积极开展市场营销创新工作能够有效提升企业的竞争力和影响力，有助于进一步扩大规模效应和品牌效应，对企业未来的长远发展有着积极的促进作用。因此，相关企业应当不断适应电子商务时代背景，明确了解当前消费者的消费心理、倾向及行为，进而有针对性地调整以往的营销手段，更好地适应消费者的个性化需求，为消费者带来更加优质的产品服务。

Contents

目 录

第一章　电子商务

电子商务（E-commerce）是指利用互联网技术进行商业活动的过程，包括在线购物、电子支付、电子商务平台搭建等。这一概念涵盖了各种形式的网络商务活动，从个人在线交易到大企业之间的电子数据交换。电子商务的发展促进了商业模式的创新和消费者体验的提升，同时也带来了一系列挑战，如网络安全、消费者隐私保护等问题需要被解决。

第一节　电子商务的分类

电子商务参与方主要有四部分，即企业、个人消费者、政府和中介方。应该看到，中介方只是为电子商务的实现与开展提供技术、管理与服务支持，而前三者则是以另一种姿态成为参与方的。尽管有些网上拍卖形式的电子商务属于个人与个人之间的交易，但是可以这样讲，企业是电子商务的核心，考察电子商务的类型主要从企业的角度来进行分析。企业电子商务可以从系统涉及的业务范围、系统的复杂性程度和应用功能情况等不同的角度，对企业的电子商务系统进行分类。

一、按企业电子商务系统业务处理过程涉及的范围分类

从企业电子商务系统业务处理过程涉及的范围出发，可以分为企业内部、企业间、企业与消费者之间及企业与政府之间四种电子商务类型。

（一）企业内部的电子商务

企业通过内部互联网自动进行商务流程处理，增加对重要系统和关键数据的存取，保持组织间的联系。它的基本原理同下面讲的企业间电子商务类似，只是企业内部进行交换时，交换对象是相对确定的，交换的安全性和可靠性要求较低，主要

是实现企业内部不同部门之间的交换（或者内部交易）。企业内部电子商务的实现主要是在企业内部信息化的基础上，将企业的内部交易网络化，它是企业外部电子商务的基础，而且相比外部电子商务更容易实现。企业内部的电子商务系统可以增加企业的商务活动处理的敏捷性，对市场状况能更快地做出反应，能更好地为客户提供服务。

（二）企业间的电子商务

有业务联系的企业之间相互用电子商务将关键的商务处理过程连接起来，形成在网上的虚拟企业圈。例如，企业利用计算机网络向它的供应商进行采购，或利用计算机网络进行付款，等等。这一类电子商务，特别是企业通过私营或增值计算机网络采用电子数据交换方式所进行的商务活动，已经存在多年。这种电子商务系统具有很强的实时商务处理能力，使企业能以一种可靠、安全、简便快捷的方式进行企业间的商务联系活动和达成交易。移动设备的普及使得企业能够随时随地进行企业间电子商务交易。企业间电子商务平台逐渐提供移动应用，方便用户在移动设备上进行采购和销售。企业间电子商务的发展为企业提供了更多的商机和便利，同时也推动了全球贸易的数字化和智能化。随着技术的不断进步，企业间电子商务领域仍然充满了创新和发展的潜力。

（三）企业与消费者之间的电子商务

企业与消费者之间的电子商务活动是人们最熟悉的一种电子商务类型。大量的网上商店利用互联网提供的双向交互通信，完成在网上进行购物的过程。这类电子商务主要是借助于互联网所开展的在线式销售活动。最近几年，随着互联网的发展，这类电子商务的发展异军突起。例如，在互联网上目前已出现了许多大型超级市场，所出售的产品一应俱全，从食品、饮料到电脑、汽车等，几乎包括了所有的消费品。由于这种模式节省了客户和企业双方的时间和空间，大大提高了交易效率，节省了各种不必要的开支，因而这类模式得到了人们的认同，获得了迅速的发展。

（四）企业与政府之间的电子商务

政府与企业之间的各项事务都可以涵盖其中，包括政府采购、税收、商检、管理条例发布等。政府一方面作为消费者，可以通过互联网发布自己的采购清单，公开、透明、高效、廉洁地完成所需物品的采购；另一方面，政府对企业宏观调控、指导规范、监督管理的职能通过网络以电子商务方式更能充分、及时地发挥。借助于网络及其他信息技术，政府职能部门能更及时全面地获取所需信息，做出正确决策，做到快速反应，能迅速、直接地将政策法规及调控信息传达于企业，起到管理与服务的作用。在电子商务中，政府还有一个重要作用，就是对电子商务的推动、管理和规范作用。

根据实际需要，电子商务还会有许多其他派生形式。

二、按电子商务复杂性程度分类

电子商务的飞速发展，促使国际上众多 IT 企业推出了大量的电子商务解决方案，有些方案可用于处理大中型企业较复杂的商务过程，有的方案可用来解决小型企业的业务。不同的企业通过采用相应的电子商务解决方案，就可以在网上销售产品和提供服务。

企业的电子商务解决方案按其复杂性程度不同可以分为以下三类：

（一）网上黄页

网上黄页使用户可以在网上发布广告信息，如企业的介绍、服务时间、电话号码、地址、企业所在区域的地图和特殊服务项目等，这些信息都连接在企业的万维网（Web）站点上。这种方案对企业来讲相对开销较低，较适于小型企业在开展电子商务时采用，类似于黄页广告。目前，在互联网网上的万维站点越来越多，要吸引用户访问本企业的站点并非易事。网上黄页能让客户通过网上搜索工具，快速方便地找到相应企业的站点。网上黄页所提供的功能相当有限，但费用低廉、方便有效，是中小企业进入电子商务领域初期可采用的较好选择。

（二）简单电子商务解决方案

这类方案可以使企业能够在没有专业的网络工程师和软件开发人员的情况下，拥有一个网上目录，并能接受网上订货。简单方案主要针对那些专业人员力量薄弱，又需提供电子商务服务的小型企业。按照简单电子商务解决方案创建一个能接收网上订单的万维网站点，并不需要专门的硬件和软件设备。本方案适合于有一定开展电子商务基础的企业。

（三）完整的电子商务解决方案

采用这种方案的企业能进行独立的网上营销活动，设计网上目录和接收网上订货，并能对网上订货做出相应的处理。与简单解决方案相比，完整方案不仅提供了前台服务特性，还提供了后台处理，这样就可将企业的网上目录、订单处理与数据库的操作结合在一起，完成交易信息的结算、统计分析和综合处理的全过程。这种方案对于税收计算、目录管理等日常操作也都能自动处理。相对于前两种方案，完整方案功能更为强大，服务更为广阔，受到越来越多企业的重视。完整的电子商务解决方案是企业开展电子商务的最终方案。

三、按电子商务系统功能目标分类

企业的电子商务系统按系统的功能目标不同，可以分为对企业电子商务活动的内容管理、协同处理与交易服务三类。

（一）内容管理

这类电子商务系统对企业需要在网上发布的各种信息进行管理，通过在网上的广告信息来增加企业产品的品牌价值，在网上树立企业的形象，扩大企业的影响。

（二）协同处理

这类电子商务系统能与公司人员协同工作，自动处理电子商务的业务流程，对企业内外的各组织进行随时的紧密联系。包括收发电子邮件、合同的审定及签署等合同管理，使网上的销售过程自动化。

（三）交易服务

这是网上商店常采用的电子商务系统形式，使网上的商品销售活动真正实现每周 7 天、每天 24 小时的服务。这种形式的电子商务系统能在网上向客户提供智能目录、接受网上订单和安全的网上支付等服务功能。

四、按电子商务技术标准和支付方式分类

按技术标准和支付方式可将电子商务分为以下五类：

（一）支付系统无安全措施型的电子商务

用户从商家订货，信用卡信息通过电话、传真等非网上传送手段进行传输；也可在网上传送信用卡信息，但无安全措施。商家与银行之间使用各自现有的授权来检查的网络。其特点是风险由商家承担；信用卡信息可以在线传送，但无安全措施。

（二）通过第三方经纪人支付型的电子商务

用户在第三方网上经纪人付费系统服务器上开一个账号，用户使用账号付费，交易成本很低，对小额交易很适用。网上经纪人持有用户账号和信用卡号，用户用账号从商家订货，商家将用户账号提供给经纪人，经纪人验证商家身份，给用户发送电子邮件，要求用户确认购买和支付后，将信用卡信息传给银行，完成支付过程。其特点是用户账号的开设不通过网络；信用卡信息不在开放的网络上传送；使用电子邮件来确认用户身份。防止伪造；商家自由度大，无风险；支付是通过双方都信任的第三方（经纪人）完成的。

（三）电子现金支付型的电子商务

用户用现金服务器账号中预先存入的现金来购买电子货币证书，这些电子货币就有了价值，可以在商业领域中进行流通，电子货币的主要优点是匿名性，缺点是需要一个大型的数据库存储用户完成的交易和电子现金序列号，以防止重复消费。这种模式适用于小额交易。

（四）支付系统使用简单加密型的电子商务

使用这种模式付费时，用户信用卡号码被加密。采用的加密技术有加密的 HTTP 协议、加密套接字协议层等。这种加密的信息只有业务提供商或第三方付费处理系统能够识别。由于用户进行在线购物时只需一个信用卡号，所以这种付费方式给用户带来方便。这种方式需要一系列的加密、授权、认证及相关信息传送，交易成

本较高，所以对小额交易而言是不适用的。其特点是：部分或全部信息加密，使用对称和非对称加密技术，可能使用身份验证证书，采用防伪造的数字签名。

（五）安全电子传输协议型的电子商务

SET 协议是安全电子交易的简称，它是一个在开放网上实现安全电子交易的协议标准。SET 协议规定了交易各方进行安全交易的具体流程。SET 通过使用公共密钥和对称密钥方式加密保证了数据的保密性，通过使用数字签名来确定数据是否被篡改、保证数据的一致性和完整性，并可以完成交易防抵赖。此种方式的电子商务的支付安全有很高的保障，但 SET 协议十分复杂，因而其应用也受到了一定的限制，不过业界认为这种方式将是未来的发展方向。

五、按电子商务信息网络范围分类

根据开展电子商务的信息网络范围，主要可分为以下三类：

（一）本地电子商务

通常是指利用本城市内或本地区内的信息网络实现的电子商务活动，电子交易的地域范围较小。本地电子商务系统是利用互联网或专用网将下列系统连接在一起的网络系统。参加交易各方的电子商务信息系统，包括买方、卖方及其他各方的电子商务信息系统，银行金融机构电子信息系统，保险公司信息系统，商品检验信息系统，税务管理信息系统，货物运输信息系统，本地区 EDI 中心系统。本地电子商务系统是开展有远程国内电子商务和全球电子商务的基础系统。

（二）远程电子商务

远程国内电子商务是指在本国范围内进行的网上电子交易活动，其交易的地域范围较大，对软硬件和技术要求较高，要求在全国范围内实现商业电子化、自动化，实现金融电子化，交易各方具备一定的电子商务知识、经济能力和技术能力，并具有一定的管理水平和能力等。

（三）全球电子商务

全球电子商务是指在全世界范围内进行的电子交易活动，参加电子交易各方通过网络进行贸易。涉及有关交易各方的相关系统，如买方国家进出口公司系统、海关系统、银行金融系统、税务系统、运输系统、保险系统等。全球电子商务业务内容繁杂，数据来往频繁，要求电子商务系统严格、准确、安全、可靠，应制定出世界统一的电子商务标准和电子商务（贸易）协议，使全球电子商务得到顺利发展。

此外，电子商务的分类方式还有很多，如按电子商务交易过程分为交易前电子商务、交易中电子商务和交易后电子商务，按交易对象不同分为有形商品交易电子商务、无形商品电子商务和服务交易电子商务，等等。应该说，不同的分类便于从不同的角度研究电子商务，对于电子商务研究都有一定的作用。

第二节　电子商务的社会影响

一、电子商务在工业企业中的作用

（一）降低成本

电子商务可使企业节省各种单证的制作成本，降低人工费用，提高员工的工作效率和企业的经济效益。各种单证如订单、发票的制作和管理是企业成本的一个重要组成部分，占到企业总成本的 4%～10%。电子商务技术大大压缩了这部分成本，同时，还使通信费用水平下降，并能减少人为过失所造成的经济损失。

（二）加快信息处理和决策过程

互联网及其应用可以加快企业处理信息和决策的过程。企业根据市场的需求，进行"订单式"的生产，为满足不同客户的多方面要求，降低企业的经营管理成本，提高企业的经济效益，采用 ERP 系统实现信息处理和决策。

（三）减少盲目投资，加快资金回收

通过互联网掌握经济发展的脉搏和市场走向，可以减少投资的盲目性，缩短产品开发及投资回收的周期。电子商务环境所提供的大量、及时、准确的市场信息，有利于企业领导人做出正确的投资决策，减少企业开发新产品、更新老产品的盲目

性；高效率的电子网络销售渠道还可以缩短企业投资的回收期，推动技术进步和产品的升级换代，提高社会生活质量。

（四）设计网络化

世界上最大的双引擎客机制造商——波音公司，于 21 世纪推出的新产品波音 777 型客机的设计，从头到尾几乎没有图纸，完全依靠电脑网络，把用户、原材料和零部件供应商的意见收集起来，有关的设计和生产部门通过电脑网络进行交流，合作完成各项设计并形成整体设计方案。

二、电子商务在商业企业中的作用

企业的市场分析、客户联系、物资调配、内部管理、公司间合作等商务活动会发生在公司内部、公司之间及公司与客户之间。借助电子商务可以有效地促进与商品交换有关的信息、商品和货币的流通。利用电子商务经营的企业具有以下优势：

（一）降低管理成本

借助电子商务无须门面即可经营，可在任意地点办公，通信费等各项费用低。

（二）提高劳动生产率

比如，在亚马逊网上书店仅有 9 人的时候，其销售商品已达 300 万种，年销售额达 5.7 亿美元，因为它采用了网络自动处理业务流程和与供货商、配送商的合作。

（三）扩展市场范围

借助电子商务可面向全世界销售。

（四）与客户良好沟通

电子商务可使成本低、速度快，不通过中间商直接双向沟通。

（五）提供全天候的服务

借助电子商务，客户随时可在网上选购商品。

（六）为顾客提供个性化服务

顾客可以定制商品，商城可以自动根据老顾客以前的购买情况为其推荐商品，自动按其累计购买量打折，还可以为顾客提供个人信息服务，如提供网上秘书服务等。利用电子商务，顾客在购物时可以享受到以前享受不到的商业便利。

（七）购物地点不受限制

网络的超越空间性，使顾客在家中用鼠标就能到千里之外的商店购物。

（八）信息沟通更加主动

随着生产力水平的提高，买方市场的形成，商品供过于求，商品信息"爆炸"是必然的。顾客可以根据自己的需要，在网上利用搜索引擎自主地寻找需要的商品信息。

（九）选择的范围更加广阔

由于电子商务的商业网站利用了先进的信息系统以及相应的高效货物配送系统，无须货架，无须门面，因此，商品品种不受物理空间的限制。可供商品品种的数量在理论上可以达到信息系统和配送系统的承载上限。

（十）结算支付更加有效

网上支付可以避免携带现金的不便、找零的麻烦、假币的担心等问题。通过比较，可以看到，电子商务为商业提供了前所未有的便利，因此，才表现出勃勃的生机。这种传统商业企业不可比拟的商业便利，决定了电子商务的良好发展前景，也决定了传统商业企业将面临更多的威胁和挑战。

三、电子商务在社会生活其他方面的作用

（一）电子商务推动了银行变革

1. 电子商务为传统银行开辟了更为广阔的发展空间

资金媒介功能与交付服务功能是商业银行的基本功能。随着经济金融的全球化

和网络技术的发展，银行提供支付服务的手段和技术更为先进多样，速度也更加快捷，从而使银行作为社会支付体系的功能不断得到加强，银行开始由传统的资金媒介主体向社会支付体系主体转变。银行不仅是社会资金流动中心，同时，也是信息发布中心、商品交易中心和报价中心。银行既是货币流的载体，也是引导信息流和物资流的基本平台。在这种模式中，银行始终处于主动和主导地位，银行集中和传递的信息越多、越快，越能够引导规模更大、速度更高的社会资金流动，银行的效率也就越高，对社会经济运行的贡献也就越大。相对传统银行仅处于被动的社会支付中介来讲，这不仅意味着银行功能的转变，更意味着其发展空间的拓展。

2. 电子商务为不同类型的银行提供了可在同一个网络平台上公平竞争的环境

基于互联网的全球性、开放性和信息充分性程度的提高，电子商务不仅赋予了银行业一种全新的营销方式和全球性的巨大市场，提升了银行经营的国际化程度，而且重新构架起全新的银行竞争规则：所有银行无论实力雄厚，还是规模弱小，也无论历史悠久的"老字号"，还是处于成长期的"先锋代"，在网络上一律平等。在这种新的市场竞争规则下，新兴银行与历史久远的大银行在竞争的起点上是一致的，中小银行如果能把握住信息技术带来的机遇，完全可以与大银行并驾齐驱，在全球化的市场上公平竞争。这意味着在电子商务时代，决定银行竞争优势和实力的关键因素是科技水平，而不是规模的大小，更不是历史的长短。

3. 电子商务为传统银行个性化创新能力的提高奠定了基础

面对极大的金融商品选择空间和余地，客户将表现出日益强烈的个性化需求特征。银行的金融创新将以客户为导向，借助网络技术，根据客户的个性化需求为之量身打造，扩大以高效、个性化为主体的新金融产品和金融服务的供给，满足市场和客户对多样化、个性化金融产品和金融服务的需求。

4. 电子商务技术为金融业务一体化发展提供了技术平台

网络技术的发展打破了传统金融业的专业分工，模糊了银行业、证券业和保险业之间的界限。银行不仅提供储蓄、存款、贷款和结算等传统业务，而且还提供投资、保险、咨询、金融衍生业务等综合性、全方位的金融业务。电子商务既克服了传统银行在时间和空间上的限制，又可以实现银行业务、证券业务的办理。

5. 电子商务技术的发展，加速了传统银行组织体系、管理体制和运作模式的整合、再造与变革的步伐，极大地提高了银行的经营效率与效益

电子商务使银行业务的扩展主要借助互联网。其原因有四：其一，传统银行的组织体系将适应电子商务的要求，由垂直式向扁平式、由物理化的传统实体向虚拟化的电子空间重构。其二，利用电子商务技术，可以使传统银行业务流程与网络所具有的强大优势完美结合，将银行每个员工、部门、业务伙伴、策略同盟甚至每个客户都连接起来，使银行发展为从内到外浑然天成、无懈可击的电子商务有机体。其三，传统银行可以利用网络技术加强对资产和负债的风险控制与管理，实现风险管理由分散到集中、由定性到定量、由主观判断到客观分析的转变。其四，传统银行借助电子商务技术可以实现传统财务向网络财务的转变，实现会计核算、数据处理和财务管理的自动化、系统化和网络化。此外，通过网络技术，还可以使传统银行的营销模式、人力资源配置和创新能力得到彻底革新。

电子商务给传统银行带来的以上发展机遇，最终必然体现为银行运营成本的降低、服务效率与质量的提升和经济效益的提高。同时，互联网金融的崛起给传统银行业带来的除了机遇还有挑战。自2013年以来，阿里巴巴、腾讯、百度等互联网巨头，借助第三方支付或社交平台所积累的客户及数据资源，从余额理财切入，并拓展消费金融，乃至于发起设立民营银行，在实现快速发展的同时，对传统商业银行的冲击也日益显现。在这样的趋势下，商业银行明显加大了科技投入，在强化传统电子银行优势的基础上，积极介入互联网金融领域。值得注意的是，严格的监管以及长期以来所形成的规范审慎乃至于略显保守的经营行为和文化氛围，使得传统银行在发展互联网金融时面临诸多挑战。

（二）电子商务推动了电子政务的发展

1998年，联合国经济社会事务部把推进发展中国家政府信息化建设作为当年的工作重点，希望通过信息技术的应用改进政府组织，重组公共管理，最终实现办公自动化和信息资源的共享。利用信息技术来促进所有发展中国家的进步，其中最关键的步骤就是利用信息技术来改进政府，即实现"电子政府"。

美国政府网站的内容非常丰富、有效，以"人口调查站点"为例，用户可以通过直观地图的形式，察看到州一级，甚至县一级的极其详尽的统计数据，包括当地从事各种职业的人口组成等。美国白宫站点有一个美国联邦政府站点的完整列表，可以链接到美国政府所有已上网的官方资源。

中国"政府上网工程"在 1998 年底已经全面启动，这项工程的宗旨就是构建我国的"电子政府"。为加强全社会对"政府上网工程"的重视，有关部委将 1999 年定为我国信息产业界的"政府上网年"，之后电子政务有了较大的发展。我国目前有近 200 个政府部门在网上建立了自己的站点，其中，很多地方政府通过手机软件、微信、微博来进行信息发布、业务办理等相关事宜，为百姓提供更加便利和个性化的公共服务。随着信息化的不断提速，基层社区等相关部门的网站、微博、微信将在电子政务大潮中发挥更加重要的功能。

除此以外，电子商务还在旅游、新闻出版、证券、房地产等领域发挥越来越重要的作用。

第三节　电子商务的现状与趋势

电子商务应用的第一个阶段称为内容发布，这时大多数企业只是通过网络发布自己的产品信息，把互联网作为另一种向顾客提供信息的途径。这些宣传类的活动当然对于企业的营销会带来一定的好处，但是这些好处可能并不会对企业的收入带来太大的影响。第二个阶段是简单交易阶段，创新主要体现在局部的集成和新型商务模式上。在这个阶段中，企业允许客户进入公司的内部信息环境，如查询银行账户，通过电子交易购买产品，等等。在这个阶段，建立一个安全可靠的信息系统成为对企业的必然要求。此时，电子商务已经为企业带来了实际的成本节约。

电子商务下一个阶段的发展，将呈现出新的特色。在信息技术的帮助下，公司可以调整自己的业务流程，从根本上把企业改造成以客户为中心的模式。这类电子商务不再是局部的、前端的信息化，而是企业内部所有业务的完全整合，同时，这种整合还可能是包含整个产业链中合作伙伴关系的整合，以便最终为用户提供完全整合的服务。在这个阶段，虽然商务的基本法则没有改变，但利用电子商务，传统业务的完成速度和运营质量能提高几个甚至几十个数量级，更大地降低成本，更快地捕捉市场，并建立起长期、可持续营利的商务模式。

一、透视电子商务的走向

（一）传统企业将成为电子商务的主体

纵观电子商务的发展过程：电子商务从 20 世纪 90 年代初、中期开始发展，至 90 年代末形成第一个高潮，但好景不长，由于炒作过度，到 1999 年下半年和 2000 年，电子商务热急剧降温，许多 IT 企业的股票价格急剧下跌，许多从事电子商务的企业严重亏损，有的甚至被淘汰出局。此后，又逐步回升。

人们在 2000 年网络泡沫破灭后深刻体会到：企业，尤其是传统企业才是电子商务的主体。因而，电子商务发展到今天，必须有大量传统企业的加盟，才能推动电子商务走向下一个高潮。

（二）B2B 成为全球电子商务发展的主流

在电子商务的几种交易方式中，B2C 和 B2B 两种所占分量最重，而 B2B 又是重中之重。从国际电子商务发展的实践和潮流来看，B2B 业务在全球电子商务销售额中所占比例高达 80%～90%。从交易额上来看，B2B 交易可说是电子商务交易额的大宗。B2B 电子商务使得企业能够跨越国界进行贸易，实现全球范围内的业务拓展。企业可以通过 B2B 电子商务平台进行供应商的评估和管理，确保选择到质量好、信誉高的供应商。B2B 电子商务通过数据分析和挖掘，为企业提供更多的商业智能，支持决策和战略规划。B2B 电子商务的发展加速了企业之间的信息流、物流和资金流的畅通，提高了企业的竞争力和效率。在全球范围内，许多行业都采用 B2B 电子商务模式，促进了供应链的升级和创新。

（三）进入电子商务市场的企业日趋多元化

从国际电子商务的发展来看，进入 B2B 市场的企业越来越多，主要有四种类型：一是传统的 IT 巨头，像微软公司，始终在准备积极参与电子商务领域。二是新兴互联网巨头，二是新兴的互联网巨头。与传统 IT 企业不同，这些新兴的互联网巨头凝聚了网上大部分人气，并且有足够的互联网经营经验。三是传统行业的跨国公司。四是现有的 B2B 电子商务公司。面对各种各样的公司纷纷涌向 B2B 市场，Ariba 和 Commerce one 等这一领域的先行者不甘示弱，纷纷表示将凭借他们已经建立起来的技术优势和经验与后来的竞争者抗衡。

（四）电子商务发展的地区差异日益扩大

世界电子商务的发展很不平衡，电子商务鸿沟有逐渐扩大的趋势。美国电子商务的应用领域和规模较广、较大，在全球所有电子交易额中，目前，大约占 50% 以上。

（五）电子商务在各个产业的应用程度不同

电子商务给不同行业所带来的机会大不相同，不仅向各个产业渗透的顺序不一样，而且各产业所获得的收益也不尽相同。有研究表明，计算机和通信设备生产厂商特别适合采用电子商务。

二、客户服务的趋势——电子商务带来更快捷、更方便的服务

（一）快捷的服务

享受快速的服务是客户选择商家的一个重要的原因。如果一个商家不能满足客户对服务速度的要求，必然有其他的商家满足这种要求，抢夺客户。为了争夺并保持客户，企业必须减少客户搜索产品、选择产品、确立订单和售后服务等的处理时间。任何一个环节的迟缓，将导致整个客户服务的延缓。通常情况下，服务时间的延迟是由于大量的手工传递作业导致的。例如，对于一个产品制造商，每一个订单可能多次输入到订货系统中去：第一次，输入客户订购的产品规格要求，并打印出来以备检验是否按照订单进行了生产；然后根据合同制订配送计划。第二次，相关信息输入到商业运作系统中验证是否有能力生产该类型产品。第三次，信息输入到产品制造系统中去验证生产计划。这种重复的劳动和支离破碎的信息系统导致了服务的延迟。因此，必须构建一体化的、集成的信息系统，满足几乎整个商业运作，从接受订单、审核订单有效性、订单传递，到库存要求的传递、更新库存信息、更新账目信息、要求补充存货等。在日趋激烈的竞争环境下，为了满足日益挑剔的客户，商家只有革新其商务运作的模式才可能生存和发展，这就要借助电子商务来缩

减客户服务等待的时间。因此，我们可以预料到快速的客户服务将是电子商务的一个重要趋势。

（二）自助服务

自助服务将成为电子商务发展的另一个趋势，在房地产、保险业、旅游业、汽车购买业、拍卖（买）以及零售业等行业中，客户和商家将通过网络完成商业过程，人工干预很少。此外，值得一提的是，自助服务在售后服务中大有作为。客户将面对一天 24 小时、一周 7 天开通的自助服务系统，通过该系统，客户可以查询到公司信息、产品信息、订单信息，以及获得一定的技术支持，减少了人工干预，使服务更加方便和快捷。在线自助旅游业也将成为很有前景的一个行业，客户通过旅游预订系统，浏览了解全世界各个旅游景点、选择旅游路线、预订交通工具及饮食住所等，降低了旅行成本，极大地方便了客户。例如，即将建设的"九寨沟旅游电子商务系统"将利用信息化、网络化的手段将传统业务进行整理、优化，同时，衍生出原有环境下无法产生的许多新业务、新服务；旅游者将能通过该系统获得各种个性化服务，甚至可以通过虚拟现实技术在网上如身临其境般感受到景区名胜，以及入住酒店的情况；等等。

（三）集成化的服务

方便、快捷、个性化服务是新的商业模式下客户服务的基本特征，为了达到这个要求，客户面对的电子商务系统必须是集成的、一体化的，这种集成和一体不仅仅是功能上的集成，还包括内容数据上的全面，而不是像现在一般系统那样的支离破碎。功能上的集成是指客户可以通过电子商务系统来完成一系列相关的功能，比如说网上拍卖系统，客户可以通过相应系统输入拍卖产品的资料（包括照片，文字资料等），可以查询到历史上该产品的一般定价，可以设定拍卖起止时间、可以随时获知买家信息和最新的价格，可以通过在线聊天和电子邮件的形式和买家商量具体事宜等；所有相关的功能都集成在该系统中。内容的全面是指数据资料的全面性，用户通过一个系统就可以在最大范围内进行资料和信息的查找匹配。比如，在线自助旅游系统，用户只需要访问该系统就可以查找到所有旅行社的旅行线路的情况；又如，在线产品的搜索，搜索库应该尽可能地全面和丰富，用户不需要为了查找产品和数据，从一个系统跳到另一个系统，这样可使用户得到最大数据量和最方便的服务。

三、企业（或者公司）趋势——电子商务成为企业发展的新动力

（一）更好服务，改进客户关系

争取和保持客户对大多数商家来说是首要的考虑因素，在产品质量和服务项目基本一致的情况下，客户对产品和服务的质量和个性化的要求，就变成决定性的因素了。因此，采用新技术，为每个客户定制商品和服务将成为企业新的利益增长点。这样，销售和服务将不再是分割的功能模块，就像往常那样，先销售产品，然后再提供售后服务；相反，它们已经成为互相促进、紧密联系的一体。这意味着，在提供产品之前，就提供快捷方便的服务帮助客户搜索商品，做出决策；在提供售后服务的同时，促进新的购买倾向。

（二）逃离信息孤岛，走向应用集成

据 META Group 统计，一家典型的大型企业平均拥有 49 个应用系统。这些应用系统包括 CIMS、MPR、ERP、SCM、CRM、商务智能、决策支持等；各个部门运行不同的系统，导致数据缺乏一致性、信息集成化程度不高、系统间信息传递缓慢、安全性得不到保证等问题，从而形成信息孤岛，给企业造成难以估计的各种损失。

而电子商务要求与供应商、合作伙伴，当然还包括与客户之间具有更高程度的系统集成、协调和协作。这些团体都各自具有它们特定的需求、专门技术及计算技术。将企业核心应用和新的互联网解决方案结合在一起还不能说完成了电子商务的构建，必须使这些系统能够协调地工作才行。如当用户通过互联网订购一个产品时，该产品需要被包装发运，用户需要付款，产品库存信息需要进行修改更新，原材料或新的备件需要被及时订购。这一电子商务过程的实现，是新的基于 Web 的系统和现有的在企业中运行的后台应用系统之间的集成结果。

（三）管理隐性知识，实施知识管理

对企业来说，知识管理能够帮助企业解决很多实际的问题。除了通常所说的把显性的知识收集、保存和整理起来，为企业的管理和决策服务以外，更为重要的是，它能把存在于人的大脑中的、难以表述的知识也以某种方式留存。通俗地说，

知识管理强调通过将隐性知识沉积在制度及操作层面，创造有利于隐性知识传递的环境条件，实现知识共享，避免"财随人走"的风险。

知识管理要求将企业的隐性知识显性化，而对知识特征的描述一直是人工智能发展的瓶颈，神经元支撑网络等概念依然没有得到真正的发展。因此，如何有效构架知识库、如何设计知识管理产品，是一个相当富有挑战性的难题。

（四）选择外包，提高核心竞争力

为了专注于企业自身的核心业务，提高企业核心竞争力，越来越多的企业选择外包而不是自己建设 IT 基础设施。电子外包是包括 Web 托管、存储托管、应用服务外包等。

为电子外包提供的电子商务运营维护服务将非常全面。它是一个包括网络架构、数据处理、企业应用程序运营维护管理等方面在内的全面服务，其内容涵盖了从行业战略层面的商务战略咨询和托管服务，到企业管理层的电子交易、电子协同、客户关系管理、供应链管理、企业资源规划、商务信息咨询等全方位应用系统管理服务。当然，还包括了 IT 系统的设计、实现和后期的维护服务。

四、电子商务发展的前沿技术

（一）栅格电子商务

1. 栅格运算的含义

栅格运算是源自"电力供应网"的术语。"Power Grid"意思是根据用户的需要供应电力，而消费者只需支付自己所使用的那部分电费。与此相类似，在电脑的处理性能方面，栅格运算是指通过有效地调整位于全球不同地区的应用程序和资源，增强网络服务的能力，使得众多用户可在大范围的网络上共享处理能力、文件及应用软件，而无须在意具体的执行和服务过程。栅格运算提供了一个可靠的、动态的、全面的基础设施，集成了超越地区及组织界限的资源、应用程序和服务，从而构建了网络服务的范围，使网络回归了本性。栅格主要由节点、数据库、贵重仪器、可视化设备、宽带骨干及栅格软件等六部分组成。

专家认为，栅格技术是现代高科技发展的必然产物，从生物领域的后基因序列计划的解读，到高能物理领域更深层次物质结构的研究，乃至于哈勃望远镜所领取的大量宇宙资料，以及气象、地震预报预测，种种重大科学领域的运算问题，均促成科学家利用遍布全球的计算机资源，通过高速网络予以串联，共同解决运算问题。

2. 栅格电子商务的应用

互联网其实是计算机资源扩展的需要。而栅格技术的发展是互联网进一步发展的需要，构建在互联网基础之上的电子商务必然迎来自己的栅格商务时代。

过去，互联网主要提供电子邮件、网页浏览等通信功能，而栅格技术提供的功能则更多、更强，除能提供共享运算、存储及其他资源外，还包括通信、软件、硬件及知识等资源。栅格电子商务将带给企业最优化的资源配置、新型的商业模型和改进的管理模型，可以帮助企业创建虚拟组织等。

使用栅格技术，采用外包方式，企业可以专注核心业务，降低成本，提高服务；利用栅格运算，芯片设计商可将原来需耗时数星期的设计任务，提前在数小时内完成，从而缩短了产品的上市时间。同样，汽车制造商亦可利用栅格进行模型的仿真测试，从而取代原来的电路测试和风洞试验，降低产品的设计成本。而在金融业，栅格技术将在风险控制、理等方面发挥巨大作用。至于基因工程领域，栅格将是药物分子仿真、药物研究、基因测序等应用的最理想工具。

尽管栅格技术还远不如互联网和 Web 技术那么成熟，但却已有部分公司和研究所进入了使用或试验阶段。论及栅格的应用范围，放眼国内诸多领域，如能源、交通、气象、水利、农林、教育、环保等，都对高性能运算栅格及信息栅格的需求有迫切的要求。目前由于国内各领域研究资料零碎分散于各处，共享困难且利用率低，将来若将此类资料透过栅格共享，就可发挥最大的综合效果。

（二）移动电子商务

1. 移动互联网成为新热点

建设新一代安全、高效的互联网，除了进一步提高地面网络的传输能力和健壮性外，离不开强大的空中移动互联网的支持和补充。

传统的互联网，是以点对点通信为基础构建的，网络节点之间进行通信对线路要求很高。随着网上传输的数据量不断增多，人们对信息的需求更加多样化，这种通信方式远远不能满足电子商务发展对其的要求。同时，互联网上的信息传输并不都是点对点方式的，相当数量的信息是从一个源发给多个接收者的，即信息广播或多播，这些信息如果利用点对点网络来传输，就会极大的浪费网络资源，降低网络的使用效率。

随着数字技术与网络技术的结合，计算机与通信的融合，以及互联网与移动通信的融合发展，全球移动无线互联网及其应用得到了高速发展。移动电话和互联网成为当今信息业发展的两个热点，这两者的融合产生了新的增长点，即移动互联网。它采用网际互联协议 IP，实现异质网间的互联互通，并为今后异质网的融合，特别是异质网间业务与应用的融合提供了重要的技术基础。

2. 移动互联网引发移动商务

越来越大的市场竞争压力促使商家寻求一切可以增加销售，提高服务水平，提高效率，同时，缩减成本的途径来帮助企业获得更多市场份额和更高利润。这是推动企业不断寻求高科技手段来提高竞争力的原动力。正如互联网技术的发展与应用对传统商务模式造成了巨大的影响与变革，移动互联网的发展也为企业提供了更多的可能，为用户便捷、快速地获取信息提供了多样化的选择，并且提高了商务处理的能力。

在已经先行一步成功运用移动商务的企业身上，我们可以清楚地看到运用移动商务带给企业巨大的利益：加强渠道控制和销售管理；提高客户服务水平，减少响应时间；降低通信成本和减少所需时间；提高员工士气和工作效率；减少差旅费用；减少设备成本。

移动商务可以提高人们生活的质量，提高企业的核心竞争力。这些都是显而易见的，特别是移动商务只需在先前的电子商务的投资基础上进行构建，而电子商务的投资是根植于数十年的企业的信息化支出，这些早期的投资利用功能强大的全面应用和企业内部互联网对原先在企业内各孤立部门内的业务、功能加以自动化和集成化，而移动商务的基础设施则是这些早先配置了的技术在新领域的逻辑延伸，移动领域的突飞猛进将会给电子商务带来新的血液、新的希望和新的起点。

3. 移动商务的美好明天

未来的移动商务，是由手机、传呼机、掌上电脑、笔记本电脑等移动通信设备与无线上网技术结合所构成的一个电子商务体系，它的内涵已经不再是仅仅提供信息接入设备以及服务那么简单，而是要通过更丰富的移动互联网接入，提供有效的解决方案，解决实际的商务应用问题。移动商务应用的发展，将基于移动设备的行业应用软件，最终将与企业或行政部门等各类组织自身的信息管理系统建设实现紧密结合，形成二级或三级结构的移动商务系统，这样的系统将具有以下特点：

（1）以掌上电脑等移动设备结合移动应用软件构成的移动信息终端为基础；

（2）系统结构反映单位的管理结构和业务特点，符合其工作对移动数据管理和数据流向的基本要求；

（3）来自移动信息终端的第一手数据能够及时、准确地反映业务进展状况，为管理决策提供有效的支持。这样的移动商务系统将更加切合各行业的实际工作情况，将信息化从固定的部门级推进到移动的个人级，是对传统商务系统的扩展性变革，在未来的信息系统建设中必将成为主流。

移动商务将会彻底改变我们的生活和交流方式。在不久的将来，对我们来说只要拥有一部无线设备，就等于拥有了一切工具，在自动售货机前，我们不用费力气寻找硬币，只要用手机发一个信号，一切就尽在掌握之中。它的应用还远不止于此，在教育、金融、健康、旅馆以及零售业、制造业等各个领域，它都有广泛的应用前景。实际上，这些并不遥远，在美国，超过 100 万的汽车配备了卫星跟踪及通信设备，其中多数配备了 On Star，OnSter 提供了包括气囊展开自动提示，被盗汽车跟踪，应急服务，远程解锁等功能。在中国，越来越多的家用电器，汽车等常用工具上都具备了智能化服务，这些都是移动商务的基础。

（三）流媒体与中间件

1. 流媒体

近年来，为解决文件下载时间过长的问题，适应网络多媒体化的发展趋势，一种新兴技术应运而生，这就是遵守特定网络协议的流媒体技术。流媒体是指采用流式传输方式在互联网上播放的媒体格式，如音频、视频或多媒体文件。和常规视频媒体不同，流媒体可边下载边播放。以宽带为基础，流媒体不仅可以进行单向的视频点播，还能够提供真正互动的视频节目，如互动游戏、三维动画等。

流媒体技术可广泛用于网上新闻发布、在线直播、网络广告、远程教育、实时视频会议等，目前应用最直接的是网上直播。作为新一代互联网的标志，宽带流媒体彻底改变了传统互联网只能表现文字和图片的缺陷，而可集音频、视频及图文于一体。流媒体将成为未来互联网应用的主流，并将推动互联网整体架构的革新。

专家认为，三到五年后，网络的声音和影像品质将达到目前电视的水准，但是和电视相比，观众可以拥有更多自主权和选择权。

2. 中间件

如果没有中间件，在世界范围内掀起的电子商务浪潮绝不会发展到今天如火如荼的局面。从应用的角度来看，电子商务网络应用体系的内涵是各种现有应用的不断扩充和新应用形式的不断增加，迫使企业的 IT 部门需要解决越来越多的需求，尤其是对分布式网络应用的需求，诸如跨越不同硬件平台、不同的网络环境、不同的数据库系统之间互操作等，这些问题只靠传统的系统软件或 Web 工具软件提供的功能已经不能满足要求，作为电子商务网络应用体系的中间平台也就应运而生。一般来说，电子商务应用服务器、通用业务网关、支付网关、通信平台和安全平台，都属于该范畴的产品。

电子商务应用服务器的作用是让网络应用的开发、部署、管理变得更加容易，涉及的技术包括 EJB，CORBA，DCOM，IIOP，XML 等。主要功能是提供在服务器端的分布式应用的部署，包括对象生命周期管理、线程管理、状态管理、安全管理等；数据源连接访问管理、交易管理等；大规模开发网络用户管理、均衡负载、容错等；与现有系统的无缝连接等。

通信平台作用是建立与维护底层数据通道。在功能上，通信平台提供了一种灵活、可靠的方式，把数据从一个商业伙伴发送给另一个商业伙伴，或者把数据从不同的原发地采集到一起或转发。在这里包含了同步/异步传输、通信服务、数据标记、加密、队列和监控等。

安全平台是建立在一系列相关国际标准之上的、以公钥算法为核心的一个开放式安全应用开发平台。基于安全平台可以开发、构造各种安全产品或安全应用系统，如用于文件加解密的安全工具、安全网关、公证系统（cA）、虚拟专网（VPN）及其他的需加强安全机制的用户应用系统。安全平台除了内核的管理模块外，同时，向上为应用系统提供开发接口，向下提供统一的密码算法接口及各种 IC 卡、安全芯片等设备的驱动接口。

六、电子商务是历史发展的必然趋势

（一）新一代电子商务

初级的电子商务只是企业建立静态网站，构建产品信息库，搭建网站前端与后端订单管理与存货控制系统互相的连接。面对全球的竞争优势，企业将从初级的电子商务模式发展成为新一代的电子商务并为客户量身定制产品及服务。换言之，电子商务模式将从以厂商为中心的营运导向，转向以客户为中心的需求导向。这使得客户能够直接从一个公司的网站发出和追踪订单，并在订购过程中享有更多个性化服务和拥有更多的控制权。对企业来说，在下一代电子商务中，企业将能透过网际网络技术以电子化形式实时地管理其国内外供货商的业务交流，从而为客户提供素质更佳的定制化产品及服务。

新一代电子商务将会给老产品以新的形式，或者提供新产品、新市场及新的销售渠道，并将彻底地转变顾客和供应商之间的关系，而不仅只是改善他们之间的关系。具体来说，即表现在电子商务将提供人性化、柔性化、快捷和高效的服务。

1. 电子商务的个性化

电子商务个性化是指电子商务企业向客户提供个性化的服务。主要包括三方面的内容：一是需求的个性化定制。由于自身条件的不同，客户对商品和服务的需求也不尽相同，因此，如何及时了解客户的个性化需求是首要任务。二是信息的个性化定制。互联网为个性化定制信息提供了可能，也预示着巨大的商机。华尔街时报很早推出的个人电子报纸就是一例。互联网最大的特点是实时、互动，随着网络互动电视的发展，消费者不仅可以实现电视点播，而且还会促使个人参与到节目的创意、制作过程。三是对个性化商品的需要。特别是技术含量高的大型商品，消费者不再只是被动地接受，商家也不仅仅是提供多样化的选择范围了事。消费者将把个人的偏好参与到商品的设计和制造过程中去。

个性化服务在电子商务中的地位将越来越高，将会成为电子商务新的突破口。过去个性化服务是比较浅层次的，因为客户的购买记录太少，无法积累足够的数据。然而，今天许多的 B2C 网站动辄拥有上百万的用户，每天拥有上万张订单，可以为客户提供有经济价值的个性化服务。但这样的个性化服务分析必须是商业的分析，在传统经济分析中人们发现"尿布的销售量与啤酒的销售量"有关，而现在的B2C正要引进这类似的许多传统商业领域的规律，自从有了连锁店后就有人研究POS机应该摆放在客户的左边还是右边，最后发展成一门专门的学问，网络上虽然没有POS机，但存在着类似的消费习惯。因此，互联网需要自己的商业规律，但没有足够多的数据与商业实践是无法总结出规律的，互联网期待着全新的B2C零售理论与规律的出现，每一个规律的发现都会使B2C向前走一大步。

2. 电子商务的柔性化

柔性化是以"以顾客为中心"的理念为基础而在生产领域提出的，但需要真正做到柔性化，即真正地能根据消费者需求的变化来灵活调节生产工艺，没有配套的柔性化的物流系统是不可能达到目的的。20世纪90年代，国际生产领域纷纷推出弹性制造系统、计算机集成制造系统、制造资源系统、企业资源计划，以及供应链管理的概念和技术，这些概念和技术的实质是要将生产、流通进行集成，根据需求端的需求组织生产，安排物流活动。因此，柔性化的物流正是适合生产、流通与消费的需求而发展起来的一种新型物流模式。这就要求物流配送中心要根据消费需求"多品种、小批量、多批次、短周期"的特色，灵活组织和实施物流作业。

3. 电子商务的便捷化

电子商务的便捷高效借助栅格技术和移动互联技术，电子商务将以其快捷、高效方便的特性带给我们无微不至的服务，使我们突破时空的限制，无论处于何时何地，总能快速方便地访问到有用的信息。用户将能迅速安全地存取和即时交互访问互联网和公司内部网，处理各种信息：用户可以在互联网上查询航班时刻表、天气预报、股票行情、比赛比分和综合新闻等信息；用户可以在任何地方进行一切电子商务活动，可以这样说，互联网将发展到世界的每一个角落，融入人们的生活中去，改变那些上网和不上网人们的生活状态；电子商务的应用领域和发展空间将扩大到无限，并将克服现代商务时间，空间上的局限性，给人们带来无法想象的便利。

可以这样说，就如同拧开水管就能接到水一样，我们将便捷地获得电子商务的服务。新一代的电子商务正向我们招手。

（二）电子商务大趋势

1. 电子商务带来的巨大机遇

由于电子商务的出现，传统的经营模式和经营理念将发生巨大的变化。电子商务将会创造巨大的效益和机会，会将市场的空间形态、时间形态和虚拟形态结合起来，将物流、现金流、信息流汇集成开放的、良性循环的环路，使经营者以市场为纽带，在市场上发挥最佳的作用，得到最大的效益。可以肯定，电子商务的发展会带给我们一个经济更加繁荣的时代。电子商务的发展，不仅将有力地推动互联网的发展，对社会的进步和经济的变革产生深远影响。更重要的，它本身的发展和成熟为我们提供了许许多多的机会。对于传统商业来说，确实面临一场新的革命。原有的商业格局有可能重组，商业企业和商业流通将出现变革，在变革过程中，有可能打破原有的差距，使大家站在同一起跑线上。尤其是对于发展中国家商业来说，通过电子商务实现飞跃确是难得的机遇，如果抓住了机会，就有可能较快地缩短与发达国家的距离。

2. 电子商务是历史发展的必然

电子商务经过十几年的发展，在世界上经济发达的国家里已经生根、发芽，并开始结出丰硕的果实。精明的企业家们不断利用先进文明带来的科学技术，为人们营造着越来越广阔的电子空间，在人们感受到由此带来的种种便捷和愉快的同时，也勾画出企业新时代的发展蓝图，酝酿着信息时代的经济腾飞。

从诸多层次来看，电子商务为我们创造了崭新的市场机会。在机会面前，谁把握得及时，谁才能成功。那么也可以预见，在未来的几年中，基于电子商务的产品和技术一定会非常明显地占据市场。相应地，能及时调整方向，基于电子商务进行投资，并进行产品技术开发的企业也许可能走出市场困惑，找到新的生存基点。电子商务是我们这一代人献给新世纪的一份厚礼。考虑到我国美好的经济前景、巨大的贸易额以及辽阔的疆域，电子商务在我国的前程无限，它必将在我国发展壮大并有力地推动我国经济的迅猛发展。这是一个不可逆转的大趋势。

任何新事物都代表着一种趋势，那些符合人类进步的趋势必然会得到大家的认同。电子商务就是这样一种事物，它对人类社会进行着全方位的改造，在企业竞争、政府部门、公共研究机构、教育，以及娱乐等方面改变着人类相互交往的方式，为人们展示了一个全新、璀璨的世界。开展电子商务是一种国际大趋势，在未来全球竞争面前，一个企业如果跟不上，就无法生存下去；一个国家如果跟不上，将会被越落越远。

第四节　电子商务与供应链的关系

一、供应链管理的概念

许多年来，一些企业为了更好地实施内部管理与控制，一直采取"纵向一体化"的管理模式。即企业除了建立具有竞争优势的核心企业外，还对为其提供原材料、半成品或零部件的其他企业采取投资自建、投资控股或兼并的方式。企业推行"纵向一体化"的目的，是为加强核心企业对原材料供应、产品制造、分销和销售全过程的控制，使企业能够实现产供销的自给自足，减小外来因素的影响，在市场竞争中掌握主动。在市场环境相对稳定的条件下，"纵向一体化"的管理模式发挥了一定的作用。但是，随着信息技术的飞速发展，经济全球化市场的形成，消费者的个性化需求不断提高，企业之间的竞争日益激烈。在这种市场环境下，"纵向一体化"管理模式的弊端逐渐地暴露出来。为了满足这种自给自足的状况，企业将大量的资金、精力与时间投入自己并不擅长的非核心企业领域中去，不仅要在每一个纵向市场中与其他企业进行竞争，并且一旦在某一纵向环境中出现问题，将会导致整个企业的被动。因此，"纵向一体化"的管理模式已经很难在当今市场竞争环境下获得所期望的利润。这迫使企业面对变化迅速且无法预测的市场不得不采取许多先进的制造技术与管理方法，企业的管理理念也随之发生了重大的变革，从多年来一直奉行的"纵向一体化"转向了"横向一体化"的思维方式。"横向一体化"思维方式的核心思想是企业核心竞争力，即企业只需注重自己的核心业务，充分发挥核心竞争优势，将非核心业务交由其他企业完成，实施业务外包，最大限度地取得竞争优势，而供应链管理正是这一思维方式转变的具有代表性的管理模式。

"横向一体化"的管理理念形成了一条从供应商到制造商、再到批发商贯穿所有企业的"链"。由于相邻节点企业表现出一种需求与供应的关系，当把所有相邻企业依次连接起来便形成了供应链。这条链上的节点企业必须达到同步、协调运行，才可能使链上的所有企业都能受益，这就是供应链管理的经营与运用模式。比较典型的供应链管理的概念有这样两种：国外的资料定义：供应链管理是在满足服务水平需要的同时，为使系统成本最小而采用的把供应商、制造商、仓库和商店有效地结合成一体来生产商品，并把正确数量的商品在正确的时间送到正确地点的一套方法。国内比较有代表性的是华中理工大学的马士华教授的定义，他认为，供应链管理是一种集成的管理思想和方法，它把供应链上的各个企业作为不可分割的一个整体，使供应链上各企业分担的采购、生产、库存、运输和销售的职能成为五个协调发展的有机体。这两个概念都体现了整体性、系统性的观点，这也在现代经济全球化和信息技术环境下，供应链管理发展的必然趋势。

供应链管理是一项系统工程，它的实施需要考虑多方面的因素，遵循系统工程方法论的基本原则协调各种目标之间的平衡。如降低库存成本与提高用户满意程度平衡，供应链中不同成员不同的、相互冲突的目标的平衡，各种信息在供应链企业中的共享问题，供应链企业之间的战略合作伙伴关系问题等，这就需要采用系统管理理论、量化的数学模型及交叉学科和技术领域的相关方法加以综合运用。作为大多数公司的现代企业管理的主流，供应链管理受到高级管理层的普遍重视。供应链的最优化（SCO）已经成为这些活动的核心目标。该活动的主要目的是通过降低经营成本，提高产品和服务质量的方式来改进物流和分销活动，乃至整个供应链的表现水平，从而达到提高整体企业盈利的目的。供应链最优化（SCO）最初仅局限于如何通过作业计划来实现如何降低经营成本。但是如今供应链管理已经发展成为一个成熟的企业改造项目。它包括从接受订单、采购原材料、指导最终消费、提高服务反应速度和产品的再循环利用。

随着供应链重要性的不断加深，那些致力于供应链管理的企业又发现了一些新的管理目标。例如，提高产品附加值、提高客户满意度等。当公司收益得到回报时，企业便把管理目标集中到供应链最优化（SCO）成本和收益上面；以其作为一种必要手段，来谋求创造更好的总体企业价值。在实现最终目标——最大限度的利用企业的总体资源——的过程中，企业不断地实现最优化，这也是所有供应链最优化（SCO）活动的核心目标。

随着最优化活动的进一步开展，企业必须得到企业外部经营伙伴的支持。这也就要求外部伙伴必须对供应链具有一定的了解。当产业链上的所有公司都发现自己所采取的供应链最优化（SCO）所产生的巨大价值时，这些企业便会自然而然地将受益于这个供应链中的其他商业伙伴共享。每个企业通常都会有很多的合作伙伴——供应商、分销商和客户企业等，只有通过与这些伙伴共同进步，企业才能够取得进一步的发展。在以后的发展过程中，开始由整个供应网络的中共享最好的想法和实践转变为一个新的互动网络，企业之间将致力于寻找一种更有效的方式来共同成长，从而使整个供应链网络都获得更快的成长。

我们通过讨论供应链的最优化（SCO），发现了提升供应链上各家企业效益的方法，那么回过头来说什么是供应链？那么所谓供应链是指产品生产和流通过程中所涉及的原材料供应商——生产商、批发商、零售商及最终消费者组成的供需网络。即由物料获取、物料加工、制成商品并送到最终客户手中这一过程所涉及的企业和企业部门组成的一个网络，既可以是企业内部供应链，又可以是企业外部供应链。

内部供应链是指企业内部的产品生产和流通过程中，所涉及的采购部门、生产部门、仓储部门、销售部门等组成的供需网络。外部供应链则是指企业外部与企业相关的产品生产和流通过程中涉及的原材料供应商、生产厂商、储运商、批发商、零售商以及最终消费者组成的供需网络。内部供应链和外部供应链共同组成企业产品从原材料到消费者的供应网络。也可以把企业内部供应链称为外部供应链的子链或其中供应链的一段。

什么是供应链管理？供应链管理是企业与企业贸易伙伴追求共同经济利益最大化的企业管理方式及手段。美国 CSC 咨询公司的合伙人，查尔斯·C·波利，对供应链管理的描述为：供应链管理（SCM）指的是那些能够不断改进整个组织流程——包括产品设计、服务设计、销售预测、原材料采购、库存管理、生产制造、物流管理、客户管理——的那些管理方法、管理方式和管理系统。其管理主要内容包括从供应商到客户和消费者之间的产品、服务和信息的最优化创建和配送。它是在细分的市场之内提高企业竞争力的一种手段。

我国专家在引进供应链管理理念以后，把供应链管理结合我国的经济社会背景，进行了新的定义。供应链管理不同于我国改革开放以前的社会分工和计划管理，而是一种在现代科学技术支持下的现代化企业管理理念。它是在社会产品相当丰富、社会分工十分详细、商品流通极其发达和信息环境及其通畅的大社会背景下的工业管理认同。供应链管理涉及行业管理、企业管理、生产管理、物流管理、财务管理和信息管理等方方面面。我国有关供应链管理的定义为：在人们认识和掌握供应链的各环节内在规律和相互联系基础上，应用企业管理的计划、组织、协调、监控和激励等职能，对产品生产和流通过程中的各个环节所涉及的物质流、资金流、信息流、业务流进行的优化管理和调控，以期获得通过最佳组合、以最小的经营成本和最大的经济效益为客户提供最优质的服务。

那么什么是供应链管理目标？供应链管理也可称为供应链的最优化管理。其主要目标是通过降低整体成本，并提高生产和服务质量的方式来改进生产、物流和分销活动，乃至整个供应链的表现水平，从而达到增加企业盈利水平的目的。供应链管理的核心思想应为以客户为中心；以共享利益和共担风险为贸易伙伴合作原则；应用电子商务技术（Web 技术、EDI 技术、Barcode 技术、POS 技术、GPS 技术）实现企业的管理经营的获利目标。供应链管理的具体目标是：

1. 根据市场需求的扩大，提供完整的产品组合；

2. 根据市场需求的多样化，缩短从生产到消费的周期；

3. 根据市场需求的不确定性，缩短供给市场与消费市场的距离；

4. 通过供应链中的各项资源运作效率的提升，降低物流成本，赋予经营者更大的能力来适应市场的变化并及时做出反应，从而做到物尽其用、货畅其流。

二、供应链管理内容

供应链最优化管理的研究内容之一就是如何决定生产、储存等设施的具体位置，这些决定将在相当长的时间内影响供应链管理的成效。例如，如果你经营一个零售超市，那么你先应考虑如何更快、更多地与顾客互动。理所当然，最好把你的零售超市开在车水马龙的人口稠密区。如果你经营的是一个大规模的机械制造业的企业，那么你也许更倾向于把工厂和仓库建立在远离大城市而接近原材料产地和获取能源方便的区域。再举个例子，如果你经营一个电厂或煤制气公司，那么你会更千方百计地要关注工厂和各级泵站的建设地理位置。于是，供应链管理的设计是涉及生产能力、制造和库存管理等诸多因素。生产能力过剩，将导致企业产品积压、设备闲置等降低企业效益的负面效应。但从另一个角度来看，充足的生产能力可以增强企业应对市场需求变化的能力。所以，例如，像家用电器、啤酒饮料等一些市场波动影响较大的行业，总有意预留一些相对过剩的生产能力，以应对市场需求的高峰。同时，企业供应链的管理者也需要就公司内部的基本的制造流程和库存管理模式提出总体规划。

供应链的最优化管理还要求企业必须得到企业外部经营伙伴的支持，即要求外部经营伙伴也必须对该企业的供应链管理具有一定的理解。当企业发现自己的经营的供应链管理产生巨大价值时，便会很自然地将利润与整个供应链的其他伙伴共享。只有与经营伙伴的共同进步、共同营利，企业才能取得进一步的发展。供应链是生产社会化和信息化的现代产物，是以新的生产组成方式、新的商品流通方式和新的商品营销方式存在。它突出了市场的组织与分工优势、经营的规模与灵活优势等新的现代社会特征。电子商务将供应链上的各个参与方连接为一个整体，实现了供应链的信息化管理。电子商务与供应链管理构成密不可分和相辅相成的互补的企业竞争手段。

因此，供应链管理内容与传统的库存或运输管理有着很大的不同。一是各企业将供应链管理看成一个整体，而不是将供应链管理看成是由采购、制造批发和零售等部门构成的一些分割的功能块。二是要求企业坚持"供应"是整个供应链上各个部门的共同目标观念，这对整个供应链上的运营成本及供应链的市场份额有着重大的影响。三是供应链管理理论对库存管理有着不同的解释。不一定是零库存，也不一定是满库存；都要看供应链系统的需求而定，库存是平衡整个供应链性能表现的一个手段。最后是供应链管理要求采用系统的、集成化的管理方法来统筹整个供应链的各个功能，为了确保整个供应链的整体目标，高层管理采取一些办法消除供应链内各个企业、各个环节、各个部门之间的目标冲突是十分重要的。

供应链管理的实现是把供应商、生产厂家、分销商、零售商等，在一条链上的所有环节都联系在一起进行优化，使生产资料以最快的速度，通过生产和分销环节变成增值的商品，并将送达有消费需求的消费者手中。这样使得社会资源达到优化配置，减少了社会库存和降低了社会成本；更重要的是通过信息平台和组织网络实现了生产及销售的有效连接和物流、信息流、资金流的合理流动。

供应链管理包括采购计划、生产计划、库存计划和运输计划等，涵盖从几周到几个月的供应链管理决策。其目标是要在既定的供应链构架下，合理安排物流，从而使供应链为企业提供最大效益。供应链计划是以市场预测为基础，并考虑实际运作中的不确定性，为企业的中期决策提供依据。生产计划基于企业生产能力，决定既定生产设施间的具体物流。库存计划决定原料、半成品和成品库存的数量位置和策略。运输计划决定现有企业设施以及供应商、客户之间原料、成品的运输途径、方式、数量等等参量。供应链管理的实施是指企业日常的供应链决策，如原材料供应管理、生产时序与计划管理、运输车队运输计划与库存实施控制管理等。企业对每一张订单、每一件任务进行操作，在供应链最优化管理的战略和计划的基础上，最短时间内对供应链上出现的事件做出最快反应，以保证整体供应链的高效畅通。

三、供应链管理的信息特征

供应链管理（SCM）是目前国际上最引人注目的企业管理新思想之一，它融合了当今现代管理的新思想、新技术，是一种系统化、集成化、敏捷化的先进管理模式。供应链管理的最主要思想是系统理论。供应链注重围绕核心企业的网络关系，如核心企业与供应商、供应商的供应商乃至于一切前向的关系，与用户、用户的用户及一切后向的关系。它不仅是一条连接供应商到用户的物料链、信息链、资金链，而且是一条增值链。物料在供应链上因加工、运输等过程增加价值。供应链作为一种产品生产模式，它的提出是为了方便对多重供需关系的管理，即供应链管理。供应链管理是使物流在供应链上合理流动、优化配置，从而缩短产品生产周期，降低产品生产成本。促进供应商、分销商、制造商间的合作，以及对市场的把握。

那么供应链管理的信息特征为：

（一）综合性特点

从其覆盖的领域上来看，它涉及整个产业链的采购、生产、储存、物流和信息技术等领域的管理；从管理的范围来看，它不仅涉及自身企业，而且包括供应链上的其他各个相关企业；从管理的方式方法来看，它兼容传统的管理方法和通过供应链网络进行的过程管理和虚拟管理。

（二）新颖性特点

供应链管理体现了新经济的特征，它是以信息技术为其管理的出发点和立足点。电子商务活动本身就是信息高度发达的产物，对信息活动的管理是一项全新的内容，也是对传统管理的挑战和更新，我国对互联网相关管理手段、制度和方法均处于探索阶段。另外，如何进行在线管理，都需要供应链上各个企业的共同努力。

（三）智能性特点

供应链管理的实物位移自动化、预警与反应速度程度高，供应链过程处于实时监控之中。供应链管理的重点是这些自动化、智能化的设计创造过程，一个智能化的供应链管理系统可以模拟现实，可以发出指令、实施决策，根据供应链过程的特点采用对应管理手段，真正实现电子商务供应链管理的柔性化和智能化。

（四）信息化特点

当今市场在急剧变化，企业要想在激烈竞争的环境中取得持续发展，最主要的是要掌握用户需求的变化和在竞争中知己知彼。信息技术的应用是推进供应链系统中信息共享的关键，改进整个供应链的信息精度、及时性和流动速度，被认为是提高供应链绩效的必要措施。因此，企业管理战略的一个重要内容就是制定供应链运作的信息支持平台，如集成条形码、数据库、电子订货系统、射频识别、电子数据交换、全球定位系统等信息交换技术和网络技术为一体，构建企业的供应链信息集成系统。

（五）网络化特点

以前，企业为了追求资源的整合，往往借助于"纵向一体化"来实现高度的控制，但是"纵向一体化"却因为管理组织臃肿、业务领域过于庞杂，造成风险增强、管理成本上升，所以从 20 世纪 80 年代后期开始，"横向一体化"的供应链思想开始兴起，即利用企业外部资源快速响应市场需求，本企业只抓最核心的东西——产品方向和市场。至于生产，只抓关键零部件的制造，甚至全部委托其他企业加工。"横向一体化"形成了一条从供应商到制造商再到分销商的贯穿所有企业的"链"。因此，供应链管理必须利用现代信息技术，改造和集成业务流程、与供应商和客户建立协同的业务伙伴联盟、实施电子商务，才能提高企业的竞争力，使企业在复杂的市场环境下立于不败之地。

（六）虚拟化特点

全球性市场竞争的加剧，单个企业已经难以依靠自己的资源进行自我调整，在20 世纪末，国外提出了以虚拟企业或动态联盟为基础的敏捷制造模式。敏捷制造面对的是全球化激烈竞争的买方市场，采用可以快速重构的生产单元构成的扁平组织结构，以充分自治的、分布式的协同工作代替金字塔式的多层管理结构，注重发挥人的创造性，变企业之间的生死竞争关系为共赢关系，强调信息的开放和共享、集成虚拟企业，而电子商务的兴起为实现敏捷制造创造了条件。

（七）物流系统专业化特点

在此前的企业经营管理中，物流作为商务活动的辅助职能而存在，其本身并不构成企业管理的重要领域，其业务管理也往往是分散进行，没有总体统一的协调和控制。在电子商务时代，物流上升为企业经营中重要的一环，其经营的绩效直接决定整体交易的完成和服务的水准，尤其是物流信息对于企业及时掌握市场需求和商品的流动具有举足轻重的作用。因此，物流活动必须综合起来，进行系统化管理。在这种要求下，人们利用系统科学的思想和方法建立物流系统，包括社会物流系统和企业物流系统，从而使得物流活动能够从全方位、全过程、纵深化地得到管理和协调。

因此，供应链管理设计应遵循下述原则：

1. 系统效益原则

系统效益原则也称整体效益原则，这是管理原理的基本思想。供应链管理也不例外，它不仅要求供应链活动本身效益最大化，而且要求与供应链相关的系统整体效益最大化，包括当前与长远效益、财务与经济效益、经济与社会效益及经济与生态效益等。因此，供应链管理人员和部门要确立可持续发展的观念，处理好内部供应链与外部供应链、有限资源与节能减排、走集约经营和循环经济发展道路。

2. 标准化原则

供应链管理按其重复性可分为两大类：一类为重复发生的常规性生产活动，物料的移动和存储、物料配送的路线和搬运装卸等。另一类为一次性或偶然性的生产活动，如客户需求的随时变化以及运输时间的不确定性等。供应链管理的标准化要求常规活动按标准化原则实施管理，实现自动化和智能化，以提高效率、降低成本。随着物流技术的不断更新（如人工智能模拟）。电子商务物流信息技术的广泛应用，使随机性活动已可逐步标准化。

3. 柔性化原则

供应链的柔性化原则实质上是指供应链运行过程中的灵活性原则。随着"多品种、小批量"的客户需求变化，愈来愈瞬息万变。供应链管理就是利用先进的信息技术、通信技术和供应链管理信息系统来实现供应链的快速反应能力。

4. 全程服务原则

全程服务原则是指在供应链管理的全过程中，努力促使各企业员工牢固树立服务观念，切实恪守职业道德，严格执行服务标准；通过文明、高效、优质的服务，加强分工体系的协同效应，塑造该供应链企业的整体形象，确保企业经济效益和社会效益的同步提高。

互联网就像是一个交易平台，由于新的技术的应用，整个供应链的信息的共享程度和信息的透明度都得到了提高，从而也提高了整个供应链的效率和效果。显而易见，将供应链整合到一起是可以增加利润的，那么，这也将会对价值链起到一定的影响。许多研究人员都在探讨电子商务究竟是如何影响物流、影响供应链的，它可能使一些媒介（如批发商和零售商）消失，但他也推动着新的角色的出现，例如，物流运营商，它的作用是调整传统的供应链结构使其适应电子商务的需要。许多企业在努力地使他们的雇员适应电子商务的同时，也都在研究如何进行企业内部管理过程的调整和如何在互联网平台上建筑供应链管理信息系统。

四、传统供应链与现代供应链比较

传统的供应链管理仅仅是一个横向的集成，通过通信介质将预先指定的供应商、制造商、分销商、零售商和客户依次联系起来。这种供应链侧重于内部联系，灵活性差，仅限于点到点的集成（如图1所示）。

供应商 ←→ 制造企业 ←→ 分销网络 ←→ 销售商 ←→ 客户

图1　传统供应链管理拓扑结构图

传统的供应链成本高，效率低，而且供应链的一个环节断了，将造成整个供应链运行瘫痪。对于绝大多数没有使用互联网的传统企业，其内部的业务流程和信息传递方式无法对市场需求的变化做出快速响应，常造成库存积压（或积压在供应商处，或积压在制造商处），增加成本。此外，由于不能及时供货而降低客户的满意度，物流从上游供应商到下游、最终到客户的速度缓慢且效率低下。

传统供应链管理中存在的一些问题，传统供应链管理的横向集成特性难以适应经济全球化、市场竞争日趋激烈的新形势，严重制约了我国企业的市场，表现在过分强调自供自产自销的一体化供应链模式。表面上来看，"企业无事不能""肥水不流外人田",而实质上严重影响了企业核心业务的开发,挫伤了企业的市场竞争力。许多相关实体如供应商、分销商等分离在外,注意力局限于企业内部的操作层上,注重企业自身的资源利用,关注物流,而忽视了资本流、信息流和工作流;缺乏企业与外部的合作伙伴关系,产供销各自为政,造成产品库存积压、资金浪费和企业间的目标冲突。因此,传统的供应链管理只注重内部联系,灵活性差,效率低,而且供应链的一个环节中断了,则整个供应链都不能运行。

强调竞争而忽略合作。供应链结点间的关系被视为交易伙伴而不是合作伙伴,致使双方频繁地讨价还价、拖欠货款、缺乏诚信,导致竞争大于合作;而不同供应链之间的竞争则更为激烈,价格之战、亏损经营,其结果常常导致两败俱伤。

缺乏服务平台和电子交易手段,缺乏市场响应机制。由于没有统一、规范的信息服务平台和安全、可靠的电子交易平台,没有建立对用户不确定性需求的跟踪管理系统,不能及时回应顾客的需求,造成顾客满意度下降,企业信息丢失,形象受损,致使供应链中的所有成员不能协调一致、信息得不到共享和快速传递,因此,供应链运作效率低下。

重下游轻上游现象严重。由于观念上是偏僻,只重视下游的顾客,尊下游顾客为上帝,这固然没错;然而忽视上游的原材料供应商,以为"供应商有求于我",致使双方缺乏信任。

供求信息不准,长鞭效应严重。由于客户信息不准,单方毁约情况较多,再加上供应链信息传递扭曲,长鞭效应严重,制造商难以根据订单进行生产,只好根据预测进行生产、安排库存,因而增加了库存成本,削弱了企业的竞争力。

管理信息系统不健全。企业与企业之间缺乏联系,信息不能共享,造成信息重复、滞后或失真。

现代供应链管理是一场由信息技术手段飞速发展而引发的商品运作模式的革命,它改变了传统经济活动的生存基础、运作方式和管理机制,因而对供应链发展产生了深远的影响。电子商务环境下的供应链是以中心制造厂商为核心,将上游供应商、下游经销商(客户)、物流运输商及服务商、零售商,以及往来银行进行垂直一体化的整合,构成一个电子商务供应链网络,消除了整个供应链网络上不必要的运作和消耗,促进了供应链向动态的、虚拟的、全球网络化的方向发展。电子商务对供应链管理的影响表现在:

对供应链角色的影响。电子商务的应用加强了各个供应链角色的一体化倾向,特别是加强了生产商的前向一体化倾向，这种一体化行为能够提高供应链的效率。消除了供应链上不必要的中间环节。电子商务是在由计算机和通信构成的网络系统中实现的。通过互联网生产商可以不经由分销商或零售商直接将产品卖给消费者，消除了一些不必要中间环节组织，从而节约了运输和销售等费用。利用互联网进行零部件和产品的订货和发货能够合理安排库存，提高信息的及时性和准确性，从而降低了库存和营业费用。在企业内部，电子商务的应用，也可省略许多不必要的环节，提高工作效率。

使企业的组织边界趋于模糊化。随着电子商务的发展，组织之间的信息流和资金流更加频繁，组织之间的相互联系也由单一渠道转变为多渠道进行，如供应商的销售部门不仅要与生产商的采购部门进行交流，而且还需要与生产商的设计部门甚至销售部门进行合作，共同设计客户满意的产品和服务。随着供应链中组织间合作程度的日益加深，组织之间不断融合，组织边界越来越模糊，最终整个价值链重新整合，形成一个虚拟的大企业。

使企业的销售模式由生产者推动型转变为消费者拉动型。在电子商务时代，消费者可以对所需要的商品提出个性化、差异化的设计要求，生产商和相应供应商组成的虚拟联合体会依据消费者的要求，共同完善产品的设计，然后组织生产，以最大限度地满足消费者的需求；实时的网上新产品信息发布机制，可以以更低廉的方式吸引顾客，提高消费效率。此时，销售模式由生产者推动型转变为消费者拉动型。

实现经营的网络化。一是交易物流系统的网络化，物流配送中心与供应商、制造商通过网络实现连接，上下游企业之间的业务往来也要通过网络来实现；二是组织的网络化，电子商务是组合整个供应链的，大部分专业性业务活动交给外部企业运作，内部管理层次和人员减少，经营趋于柔性化。电子商务借助电子信息网络将各种不同的技术、技能有机地进行集成，提高了业务经营绩效。由于同一个业务流程是由不同专长的企业共同实现的，信息和计划在这些企业中实现了共享，虚拟化组织的特点开始显现。

网络企业的大量涌现。随着信息技术和通信技术的日益完善、成本的逐渐降低，电子商务活动日益频繁，效益也日渐增长，涌现了一大批从事电子商务活动的网络企业。商品不再依赖传统的物流渠道，而是直接在网上实现交易。网络企业的产生为电子商务提供了交易平台、技术支持和物流服务，改善供应链中的信息交流，节省了一些不必要的物流，有效提高了供应链管理的效率。

电子商务供应链管理与传统供应链管理的主要区别反映在如下几点（如表1所示）：

表1　电子商务供应链管理与传统供应链管理的比较

	传统供应链	电子商务供应链
承运类型	散装	包裹、单元产品
顾客类型	既定	未知
物流运作模式	推式	拉式
库存、订单流	单向	双向
物流目的地	集中	高度分散
供应链管理要求	稳定、一致	及时、质量及整体成本最优
供应链管理责任	单一环节	整个供应链

物流和承运的类型不同。在传统的供应链形式下，物流是对不同地理位置的顾客进行基于传统形式的大批量运作或批量式的空间移动，货物的追踪是完全通过集装箱、托盘或其他包装单元来进行，供应链各个环节之间的可见性是有限的。在电子商务供应链管理模式下，由于借助于各种信息技术和互联网，使得客户在任一给定时间都可以沿着供应链追踪货物的下落。

顾客的类型不同。在传统供应链管理模式下，企业服务的对象是既定的，供应链服务提供商能够明确掌握顾客的类型，以及其所要求的服务和产品。随着电子商务的到来，供应链运作正发生了根本性的变化，要求快捷、高速、划分细致的物流和商流方式，顾客是一个未知的实体，他们根据自己的愿望、季节需求、价格及便利性，以个人形式进行产品订购。

供应链运作模式不同。传统供应链是一种典型的推式经营，制造商将产品生产出来之后，为了克服商品转移空间和时间上的障碍，利用物流将商品送达到市场或顾客，商流和物流都是推动式的，物流只是起到支持的作用，本身并不创造价值。在电子商务供应链中，商品生产、分销，以及仓储、配送等活动都是根据顾客的订单进行，商流、物流、资金流都是围绕市场展开的，物流为商流提供了有力保障，因此，电子商务供应链是拉式的。因其活动本身构成了客户服务的组成部分，它同时也创造了价值。

库存、订单流不同。在传统供应链运作模式下，库存和订单流是单向的，买卖双方没有互动和沟通的过程。在电子商务供应链条件下，客户可以定制定单和库存，其流程是双向互动的，作为客户可以定制和监控甚至修改其库存和订单，而作为制造商、分销商同样也可以随时根据顾客的需要及时调整库存和订单，以使供应链运作实现绩效最大化。

物流的目的地不一样。在传统供应链中，由于不能及时掌握商品流动过程中的信息，尤其是分散化顾客的信息，加上个性化服务能力不足，物流只能实现集中批量化的运输和无差异性服务，运输的目的地是集中的。而电子商务供应链完全是根据个性化顾客的要求来组织商品的流动，这种物流不仅要通过集运来实现运输成本的最低化，同时，也需要借助差异化的配送来实现优质服务，其目的地是分散化的。

供应链管理的要求不一致。传统供应链管理强调的是物流过程的稳定、一致，否则物流活动就会出现混乱，任何物流运作过程中出现的波动和变异都有可能造成上下游企业的巨大损失。电子商务供应链管理却不同，由于其物流需求本身就是差异化的，物流是建立在高度信息管理基础上的增值活动，因此，物流必定会出现高度的季节性和不连续性，要求企业在管理物流活动中必须按照及时应对、高质服务以及总体成本最优的原则来进行。

供应链管理的责任不同。在传统供应链运作环境下，企业只是对其所承担的环节负责，诸如运输企业只管有效运输和相应的成本等，供应链各个运作环节之间往往没有明确的责任人，供应链经营活动是分散的，其结果往往出现局部最优而整体绩效很差的情况。但电子商务供应链强调供应链管理是一种流程性管理，它要求企业站在整个供应链的角度来实施商品物流过程，以及相应的成本管理。

总之，电子商务供应链管理弥补了传统供应链管理的不足，它不再局限于企业内部，而是延伸到供应商和客户，甚至供应商的供应商和客户的客户，建立的是一种跨企业的协作，覆盖了从产品设计、需求预测、外协和外购、制造、分销、储运和客户服务等全过程。

五、电子商务环境下的供应链管理

传统的供应链管理难以适应当代全球竞争的新形势，主要表现为：①供应链不完全，许多相关实体如供应商、分销商等分离在外，不予正视，往往局限于注重企业内部的操作层上，注重企业自身的资源利用，关注物流，忽视资本流、信息流和工作流；缺乏合作伙伴关系，产供销各自为政，造成产品库存积压、资金浪费和企业间的目标冲突。②缺乏市场响应机制，对用户没有建立不确定性需求跟踪管理系统，不能及时回应顾客的需求，造成顾客不满意和企业信息丢失，形象受损。③管理信息系统不健全，企业与企业之间缺乏联系，不能信息共享，造成市场信息价值浪费。

利用电子商务构建新型的企业管理模式供应链管理，可以极大地提高企业管理水平，电子商务以一种最大化网络方式将顾客、销售商、生产商、供应商和雇员联系在一起，使供需双方在最适当的时机得到最适用的市场信息，因而极大地促进供需双方的经济活动，降低交易费用和经营成本。

电子商务的出现和发展是经济全球化与网络技术创新的结果。它彻底地改变了原有的物流、信息流、资金流的交互方式和实现手段，能够充分利用资源、提高效率、降低成本、提高服务质量。在迅猛发展的电子商务时代，供应链管理的核心任务可归纳为：动态联盟的系统化管理，生产两端的资源优化管理，不确定性需求的信息共享管理以及生产的敏捷化管理。因此，在这种要求下，供应链的管理必然要适应电子商务的特点，开发出集成化的供应链管理模式。

综上所述，供应链与电子商务的生产型交易中将电子商务看作从生产商到最终用户的价值增值过程，要求在产品或服务向最终客户提交之前的每一环节都实现客户价值的增加的概念是一致的，可以说，后者是在一个更新的也是更有效的技术平台网络上构建的供应链。事实上，实现电子商务的价值增值过程就是一个供应链管理过程，在电子商务应用当中存在着两种不同的供应链管理模式。

（1）价值链驱动模式。价值链概念是 1985 年《竞争优势》中提出的。为理解成本行为与现有的和潜在的歧异性的来源，价值链将一个企业分解为战略相关的基本价值活动和辅助价值活动。1995 年，国外专家认为，现今的企业都在两个世界中竞争，即管理者可感知的物质世界及由信息构成的虚拟世界。两条价值链的经济原理、管理、价值增值的过程都不同。因特网的出现，使实物价值链与虚拟价值链得以并行，实物价值链上的每个环节都可与虚拟价值链相结合，而电子商务的出现，使得两条价值链的边界变得更为模糊。价值链驱动（VCI）的最终目标是向世界各地任何规模的交易伙伴实时传递相关的动态数据流，以此来影响供应链的电子商务市场。一个 VCI 的固化软件程序可以实时地与其他的软件程序传递数据，进行交流。例如，当某个用户发出的订单自动地传送到仓库管理系统时，系统不仅将记录放入仓库管理后台数据库中，还将同时触发一个物流配送系统进行运输，如果仓储低于库存下限，则同时会触发制造系统，发送产品生产的指令。

（2）合作、预测与供给（CFAR）模式合作、预测与供给模式是由国际著名的商业零售连锁店 Wal2Mart 及其供应商 Warner Lambert 等五家公司联合成立的零售供应链工作组合作研究和探索的，它应用一系列的处理和技术模型，提供覆盖整个供应链的合作过程，通过共同管理业务过程和共享信息，改善零售和供应商的伙伴关系，以达到显著改善预测准确度，降低成本、库存总量和现货百分比，发挥出供应链的全部功效的目的。

合作、预测与供给（CFAR）模式具有以下三条指导性原则：一是合作伙伴框架结构和运用过程以消费者为中心，面向供应链进行运作。二是合作伙伴共同开发单一、共享的消费者需求预测系统，该系统驱动整个供应链计划。三是合作伙伴均承诺共享预测并在消除供应过程约束方面共担风险。

CFAR 模式是一个更为具体的基于电子商务的集成供应链管理模式，它的实施能够使供应商加强对存货的管理以及不断地修补对企业整体的预测。通过 CFAR，各方利用网络的方式来交换一系列的书面协议、促销计划及预测，这使参与方通过关注预测数据的不同来协调整体的预测，因此，各方通过寻找差异的原因并提出整体改进的预测数据。

我国在电子商务环境下的供应链管理还处于一种成长阶段，而电子商务环境所要求的基础设施、技术条件、人文条件等还很不成熟，在二者的结合上企业仍有很长的一段路要走，当务之急是要处理和解决好以下几个问题：

（1）企业的观念问题。在我国，企业的"大而全""小而全"现象还十分突出，没有形成独具特色的强竞争力的核心业务，传统计划经济下的管理思维方式仍占据主要地位。企业内部组织机构虽然齐全，但受到职能分派的制约，各自为政，实行垂直型的管理。这不仅严重地影响企业信息传递效率，而且无法解决"透明度"问题。随着我国企业与世界的接轨和面临国际市场的挑战，传统的管理模式必须在国际上受到严重的冲击。而供应链管理对企业最基本的要求就是核心业务与信息效率，这并不是仅仅依靠企业电子商务的实行就可以解决的，不从企业观念的根本问题上改革是达不到治本的目的。

（2）贸易伙伴之间的协作问题。电子商务为供应链管理提供了一个可以更好发挥的环境，而我国企业欠缺的正是如何协调贸易伙伴间的协作以达到供应链整体利益的最大化。贸易伙伴之间不愿意共享信息，这与我国的企业所处的文化氛围有关，传统观点认为任何协议都会分出一个胜者和一个负者，但博弈论的研究结果说明，非零和博弈比这种零和博弈更能使企业获得收益。除此之外，缺乏一个良好的供应链绩效评估系统也是贸易伙伴之间协作的障碍。没有合理的绩效分配，各企业自然不愿牺牲自己的利益去换取整个供应链的最大利益。因此，良好的供应链协调战略势在必行。

（3）知识获取与转换技术上的要求。由于电子商务的出现，使原来的生产商依靠 4P（Product、Price、Place、Promotion）让消费者被动地接受产品变为以消费者为中心将消费需求送达生产者，由生产者以保证 4C（Consumer、Cost、Convenience、Communication）来取得优势地位。因此，这时供应链管理的关键就在于如何从消费者不确定的需求信息中获得知识并保证其在供应链中的共享来创造价值。这就要求供应链上的企业在技术上保证需求信息的收集、共享并通过知识转换器转换为提高供应链效率的知识。但我国企业总体来说在这些关键设施、关键研究上的投入力度不够，无法做到知识的实时获取与有效利用，这势必会成为其他实施电子商务环境下的供应链管理的一大障碍。

供应链管理与电子商务都是一个从生产商到最终用户的价值增值过程，电子商务是在一个更新的、更有效的技术平台（网络）上构建的供应链，实现电子商务的价值增值过程就是一个供应链管理过程。供应链管理是一种集成的管理思想和方法，它融合了当今现代管理的新思想、新技术，是一种系统化、集成化、敏捷化的先进管理模式，是对供应链中的物流、信息流、资金流、增值流、业务流及贸易伙伴关系等进行的计划、组织、协调和控制一体化的管理过程。供应链管理的最主要思想是系统理论。供应链注重围绕核心企业的网络关系，它不仅是一条连接供应商到用户的物料链、信息链、资金链，而且是一条增值链。供应链管理使物流在供应链上合理流动、优化配置，从而缩短产品生产周期，降低产品生产成本，促进供应商、分销商、制造商间的合作及对市场的把握。

电子商务的概念在 1994 年被提出来以后，直到 20 世纪末，互联网的飞速发展使它得到了广泛的应用并显示着广阔的发展前景。电子商务的内容包含两个方面：一是电子方式，二是商贸活动。电子商务可以通过多种电子通信方式来完成，如通过打电话或发传真的方式来与客户进行商贸活动等。随着互联网技术的日益成熟，电子商务真正的发展将是建立在互联网技术上的，所以也有人称之为网络商务。从贸易活动的角度分析，电子商务可以在多个环节实现，由此也可以将电子商务分为两个层次，较低层次的电子商务如电子商情、电子贸易、电子合同等；完整的高级形式的电子商务应该是利用互联网网络进行全部的贸易活动，即在网上将信息流、商流、资金流和部分的物流进行完整的实现。

综上所述，利用电子商务构建新型的企业管理模式——电子商务供应链管理，可以最大化地以网络方式将顾客、销售商、生产商、供应商和雇员联系在一起，极大地提高企业管理水平，使供需双方在最适当的时机得到最适用的市场信息，大大减少商品流通的中间环节，极大地促进供需双方的经济活动，加速整个社会的商品流通，有效地降低企业的生产成本，提高企业的工作效率和经济效益，增强企业的竞争力。

第二章　市场营销

市场营销是企业为了满足消费者需求，通过产品或服务的推广、销售和品牌建设等一系列活动，以达到盈利和市场份额提升的过程，需要企业不断适应市场变化和消费者需求的变化。成功的市场营销策略通常是灵活的、创新的，并能够与时俱进。

第一节　绿色营销

绿色营销的形成，给予传统的营销管理方式以很大的冲击，并以新的思维方式改变了传统的营销管理理论，从而形成了绿色营销管理。本节重点介绍绿色企业组织、绿色信息管理和绿色营销策略三方面的内容。

一、创建绿色企业组织

能否实行绿色营销，关键是要有组织保证，即只有建立绿色企业组织才能有效地、持续地进行有益于人类生存环境保护的营销活动，并避免可能来自企业内部的或来自消费者、压力团体或媒介等企业外部的不良行为。

（一）创建绿色企业组织的措施

创建绿色企业组织需要从以下几方面着手：

第一，企业最高目标绿色化。要使企业组织绿色化必须使企业最高目标绿色化。例如，重视企业的社会责任，承担对于雇员及顾客的非消费需求的责任等。企业目标的绿色化是个长期的过程，如日本光下株式会社制定的承担环境和社会责任的目标和策略，时间竟长达250年之久。

第二，改变企业结构。企业的组织结构主要应在以下几方面适应绿色要求而发生变化：（1）使最高管理层承担绿色责任。（2）设置绿色职位。在某些国家或行业中，设置绿色职位已作为强制性规定。（3）设置专司环境事务的职能部门。

第三，创建绿色企业文化。创建绿色企业文化的关键是得到企业最高领导人的支持，否则，绿色企业文化是难以形成或难以维持的。正因为企业最高领导人对于绿色企业文化具有至关重要的作用，因而，近年来一些对环境问题重视的国家，时有发生因企业制造环境污染而将企业总裁判决入狱的案例。

第四，培养绿色雇员。企业的雇员对于绿色企业组织的形成具有重要作用。如果企业的雇员不具备绿色意识，或对企业的绿色政策予以抵制，则企业组织绿色化是难以实现的。因此，企业在绿色化的过程中，提高雇员的绿色意识，以及注意吸收具有绿色意识的人员充任职员和经理人员极为重要。

第五，制定绿色制度。企业组织的绿色化要求获得制度化的支持。企业制度绿色化要求实现的目标是：（1）形成有形的绿色化过程，如制订绿色政策及实施方案，并获得财务拨款等；（2）使用内部管理的绿色审计这一工具测度和控制企业的综合绿色业绩；（3）提供和加工相关信息；（4）通过对于参与和改善环境状况者支付报酬和奖励而增强企业的绿色策略的实施；（5）开发绿色产品和技术；（6）用更有效的、可降低消费和减少废弃物的制度和活动替代现行制度和活动。

第六，制定和推行企业道德规范。目前，在各大企业中，制定道德规范已成为日益普遍的现象。道德规范的作用一是可使企业的道德问题有形化，二是可鼓励企业人员在行动时考虑道德的影响。企业道德规范主要用于处理：（1）雇员对于顾客、供应商及雇员相互间的行为；（2）各种合同的报酬，尤其是在订立合同时如何处理贿赂、礼品或其他引诱物；（3）各种信息，包括绿色信息；（4）与企业有关的环境问题；（5）社区、股东、投资者、采购及工会等关系。

（二）企业资源与职能绿色化问题

企业组织绿色化的重要内容是使企业资源和职能绿色化，否则，创建绿色企业组织只是一句空话。

1. 正确使用企业资源。企业可以开发和销售绿色产品，并制定合乎道德并保持环境状态良好的政策。但这些政策正确与否，必须由企业对其自身资源的管理状况来检验。（1）人力资源。企业对社会的关注程度可以通过企业对直接或间接雇佣的人员的关注程度来体现。（2）金融资源。企业可以将其剩余的金融资源以有意识的和承担社会责任的方式做环境投资。（3）土地资源。企业可以通过对其经营地点土地良好管理的方式来证明其绿色形象。（4）物质资源。改进企业组织使用物质资源的效果有助于企业创建绿色公司。企业可以使用资源流量投入产生分析来追踪和记录企业的全部环境流量。（5）信息资源。企业通过向社会提供有助于满足自身需要的信息来证明自己的社会责任，使企业的行为被社会所接受。

2. 绿色财务。企业会计人员以严肃地对待环境的方式参与了营销活动。由于会计人员熟悉企业财务业绩的评估和管理方法，因而他们可以较容易地掌握评估与管理企业环境的各种方法。企业绿色化对财务问题具有如下影响：（1）产生新的审计需要。企业绿色化的结果要求，会计人员对于企业可能承担的各种程度不同的环境职责所引起的成本和利益予以审计。（2）改变成本结构。为适应法律规定或满足绿色消费需求而改变企业生产系统将导致成本的变化，而企业违反环境标准的行为则可能导致罚款。（3）要求制定绿色预算。（4）增加了对污染控制、限制和清除的成本。（5）由于顾客需求的变化而致使存货过时。例如，存货可能由资产变为需要处理的滞销货。（6）需要以实际的和潜在的环境成本再评估生产线的生存能力。（7）需要制定处理意外事故的规定，如冶炼业通常需要制定处理生产中产生的废物而引起的成本的会计规定。（8）增添新的资产管理内容。企业在记录和监测其环境资产时，可能需要投入"环境资产维护"成本。（9）对投资机会加以再评估。对投资机会评估时，除规定的财务目标外，还需规定改善环境或不损坏环境的目标并加以评估。

3. 人事问题。企业绿色化对于人事问题也同样产生了影响，并导致企业人事策略的变化。（1）雇员政策。企业承担社会责任表现在雇员政策上主要为：①企业对妇女、各种年龄、各种种族的人及残疾人均提供平等机会。②制定公平、有效的人才补偿制度。③拟订培训和岗位开发规划，以帮助雇员最大限度地发挥潜力。④实施雇员健康和福利政策。⑤在人员过剩或裁员时提供再培训、咨询及资金帮助。（2）招将策略。企业良好的环境可使企业产生吸引力和凝聚力，因而在招聘时，需要向应聘人员介绍本企业的环境业绩。在"敏感"行业经营的企业，应设法克服潜在雇员的负面认知。（3）培训。绿色化增加了人事经理新的培训要求。它包括：①使雇员增强对绿色问题及公司环境标准与业绩的理解。②使管理人员了解环境法规和标准。③开发诸如环境审查和报告等新技术，并对有关人员加以培训。

4. 其他职能部门。使企业组织绿色化涉及企业中每个部门和每个人。除营销、财务和人事部门外，其他职能部门对于绿色问题的认同与否，也直接影响到企业能否实现绿色化。这些部门主要有：（1）采购。采购部门通过下述措施对企业绿色化提供极大的支持。①审查供应商的环境业绩。②向供应商提供需要绿色产品和原料的信息。③帮助供应商成为绿色组织，并满足本企业的环境标准。（2）生产和经营。生产和经营部门面临着对于绿色产品和清洁技术的新需求。解决的关键是开发节能和减少废弃物的生产加工体系，并寻找减少和消除污染的方法。（3）研究与开发。该部门需要为产品和包装研制新材料和新技术，并开发绿色产品。（4）分销。该部门让配货车使用无铅汽油而减少污染，通过选择高效的配销渠道、路线和车辆，以及保证危险品运输的安全而帮助企业绿色化。

二、绿色营销信息管理

营销信息管理是营销管理的重要内容，是企业经营决策的基础和前提。当前，企业营销人员面临的外部世界中，技术、法律和顾客需求正以远比过去快得多的速度变化。多样化和不断变化的顾客需求又要求企业内部实行多样和复杂的营销技术管理，从而向企业营销人员提出了更为有效而又极为困难的营销信息管理的要求。尤其是在进入了环保时代的今天，更是提出了严格的绿色营销管理的任务。

（一）绿色审计

对于绿色营销人员来说，最为棘手的信息要求之一是建立企业及其产品的完整的环境状况形象，而发掘这类信息的有价值的工具便是绿色审计（或环境审计）。绿色审计的目标是描绘企业的环境业绩。它可以与社会审计结合在一起进行。绿色审计可以由本公司自己组织实施，但目前大多数企业由企业外部的咨询人员进行。目前，绿色审计已成为所有重要的跨国公司在兼并之前的必要准备，并成为日常借贷和撤资的前提条件。

绿色审计的类型有三种：（1）鉴别绿色业绩的技术要求，它包括检查有关法律规定、内部要求、行业标准和未来的技术要求。（2）对现行环境业绩作技术评估。这涉及将现有的产品、工艺和设备的能力与（1）中鉴别的现行或未来需满足的要求相比较。它依照健康与安全、扩散与控制、环境保护和资源效率的要求检查生产过程各个阶段。为开发绿色整体形象，技术审计不应局限于本公司，还应将上游和下游的企业也包括在内。（3）管理审计。这是检查企业环境业绩的组织层面。它包括对组织结构和文化、管理技术与培训、信息和控制程序、公司政策，以及它们在帮助或阻碍建立良好环境业绩中的作用加以审查。

绿色审计的作用。绿色审计主要有以下作用：（1）通过绿色审计为管理人员提供了绿色营销情报与营销调研信息相结合的管理信息，以帮助企业制定绿色策略。绿色审计的结果将促使企业考虑是否以改进的绿色业绩，去满足顾客和其他利害关系人的当前及将来可能出现的需要。（2）绿色审计有助于识别企业内部可能存在的可识别的绿色压力点。通过绿色审计可以发现企业哪些层面将会是引起绿色压力集团注意或媒介曝光的潜在目标。（3）绿色审计有助于引导企业导入信息畅通、计划完善和可测度的行动。（4）企业定期进行绿色审计，将有助于为企业提供监控绿色经营策略成功与否的衡量标准。（5）绿色审计有助于避免潜在的因兼并、广告诉求、产品开发决策或其他选择而产生的风险。 （6）绿色审计可以产生良好的公关效应。（7）绿色审计有助于获得或再获得竞争优势，原因是通过绿色审计可产生良好的绿色形象。

（二）绿色营销调研

营销调研是企业通过收集和分析营销信息而为营销决策提供依据的重要活动。当前，在发达国家的企业逐步转向绿色营销的情况下，营销调研的重点也逐步转向绿色营销调研。

环境影响估价在20世纪60年代，人们逐渐认识到，财务活动使用的成本/利益分析法往往忽视或低估投资和开发对于环境的影响。不利的环境影响评估结果可以鉴别不利于环境保护的营销策略，而有利的环境影响评估结果则可以体现营销策略的绿色信誉。EIAs在许多国家被政府规定为在诸如农业、民用工程、旅游和运输领域开发新项目时的必要条件。

生态平衡调查收集环境业绩的另一个方法是生态平衡调查。这一技术作为研究产品从"摇篮"到"坟墓"的生命周期各阶段的环境成本/利益分析法，首先在德国、荷兰和丹麦使用。这一方法使用的结果可能会产生意料之外的结果。例如，由德国环境部实施的生态平衡调查发现，节省地使用购物塑料袋在提高能源效率方面比使用再生纸袋更具绿色。

（三）绿色信息的需求与供应

1. 绿色信息的需求

随着环境保护和消费者需求的不断增长，人们对有关绿色问题的信息的需求也已急剧增长。寻求环境信息主要有下述团体：（1）绿色消费者。绿色消费者正在寻找绿色信息以改进其购买决策。在发达国家，刊载这类信息的刊物，如《绿色消费者指南》已长时期地名列非小说类图书的前几位。（2）研究人员。环境问题已成为数量日益增多的科技、商业、政府研究人员研究的课题。（3）企业。对产品和原料供应商的绿色表现已成为许多国家企业关心和调查的重要问题，因为企业如忽视此类问题，则极有可能影响本企业的经营业绩。（4）政府管理部门。企业的环境和社会业绩已成为各国政府机构监控和评估的重要内容。（5）压力团体。对环境问题的关注导致压力团体积极参与对企业环境问题的调查和曝光。（6）公众和媒介。公众对绿色问题兴趣的增加也引起媒介对绿色问题兴趣的增加。公众的兴趣也导致公众绿色信息服务的产生。

2. 绿色信息的供应

供应绿色信息的有内部渠道与外部渠道两个方面：（1）内部渠道。由企业内部提供信息的渠道包括推销人员提供关于顾客需求和竞争者行为的信息；技术部门提供关于绿色技术的信息。财务部门提供关于绿色化对于成本、税收和投资方面影响的信息。高层管理人员提供关于绿色企业目标和策略方面的信息。（2）外部渠道。由企业外部提供信息的渠道包括绿色团体、政府信息服务部门、科技研究机构、商业研究组织和数据库、公众和媒体、大型会议和展览会。

三、制定和实施绿色营销策略

企业通过收集和分析营销信息，为制定正确的绿色营销策略提供了依据。绿色营销策略是企业通过市场定位和产品定位、利用有利时机、正确运用营销技术组合、最大限度地满足顾客的需求、从而战胜竞争者、夺取最大市场份额的重要手段。制定和实施绿色营销策略主要有以下步骤：

（一）营销审计

营销审计是对企业及其营销环境的系统和评估性的检查。营销审计的目的，是为企业提供得以解答涉及拟订营销策略的有关企业的竞争态势、竞争实力、市场风险和机会等基本问题的信息。营销审计通常分为内部审计和外部审计两类。

1. 内部审计

内部审计检查企业的资源和能力，评估企业与竞争者相比的强弱之处。内部审计检查的主要内容有：销售量和市场份额，成本和利润，营销组合因素（包括产品、价格、促销及分销途径），当前营销目标、策略、程序及组织，营销信息及控制系统，与企业其余部门的沟通和联系。

2. 外部审计

外部审计检查公司竞争环境中的风险、机会及竞争趋势。检查的主要内容有：顾客的特征及需求状况，市场规模、结构及增长率，供应商及销售渠道的可靠性、质量和稳定性，竞争者的策略、优势和弱点，潜在的新竞争者或竞争产品，在更广泛的经济、政治、社会和技术环境中的趋势。

（二）绿色 SWOT 分析

这是一种帮助决策者制定营销策略的简单工具。它通过使用营销审计中搜集的信息来描绘企业内部的强势与弱势（S、W），以及面临的外部机会与风险（O、T）。SWOT 分析是一种容易掌握的技术，它可运用于整个企业或其营业单位、职能部门或产品。在做 SWOT 分析时应注意的是，一种企业属性既可以是强势，也可以是弱势，它依赖于分析的角度。例如，线性管理从保持管理费用低的角度看是强势，但从管理层工作负荷过重的角度看，又是弱势。

强势与弱势分析企业在拟订绿色营销策略时，要检查的强势与弱势的主要内容包括：现行营销因素组合，生产系统和技术，管理方针和程序，原料和能源使用效率，原料和能源的来源，本企业环境与社会业绩的追踪记录及社会声誉，企业对环境和社会发展所做的贡献。

机会外部审计所识别的外部机会和风险在各企业之间是各不相同的。企业面临的机会通常出现在下述方面：开发新产品或技术；在企业当前环境业绩的基础上，发现划分或促销现有产品的新途径；在良好的环境业绩的基础上，增加企业的市场份额；由于立法或消费者需求的变化而对竞争者造成的麻烦；向其他国家出口绿色产品或技术的机会。

12141618

232527

　　风险市场的绿色化也可能使营销人员面临风险。这些风险主要有：由于环境业绩不佳而导致消费者拒绝本企业产品；消费者要求从处于市场绿色化发展更为成熟阶段的国家，进口更符合绿色要求的产品和技术；由适应新的环境法规而产生的成本，可能使环境业绩较差或资金不足的企业无法承受；当社会对环境问题及其解决办法的看法发生迅速变化时，可能导致企业原来对绿色产品的投资归于失败。

（三）制定和实施绿色营销策略

　　首先，制定绿色营销策略。企业制定绿色营销策略的过程是企业依据营销目标，对来自营销审计的信息加以整理和分析，从而确定营销绿色化的范围、程度和重点的过程。企业绿色营销策略主要包括以下措施：强调本企业现有产品的固有绿色特征；开发更为绿色的企业形象；减少企业消费的原材料；使用已重复使用或可重复使用的材料或容器；使用可持续的原材料资源；减少产品的能量投入；减少产品的能量使用；减少产品制造中产生的污染和废物；减少产品使用和处置产生的污染和废物；消除产品中潜在的有害物质；避免产品对特定生物种类、生活环境或文化的危害；为环境或社会项目投资；保护和加强工人和消费者的权利、健康、安全和他们的生活质量；就环境和社会问题对消费者和雇员进行教育。

　　上述各种措施均需通过改变营销技术组合中的各种因素而实施。

　　其次，实施绿色营销策略。已制定的绿色营销策略存在的问题或不足之处，常常在实施过程中才会暴露，因此，为使绿色营销策略获得成功，在实施过程中，必须采取下述措施：应在策略拟定阶段而不是拟定之后做实施计划；将要承担策略实施任务的人员应一开始即参与策略的拟定，以激励其产生主人翁感觉；必须考虑实施所需财务资源、时间、技术和人力限制；必须尽早识别企业内部潜在的影响实施的政治和文化障碍并使之影响最小化；应制订详尽的实施行动计划，以确保企业成员理解策略的紧迫性、优先性及必须采取何种步骤以确保其成功；应拟订意外事故计划，以确保在营销环境发生变化时，绿色营销策略的实施得以继续进行；应在企业内部进行一系列沟通工作，使每个成员了解实施情况，以使绿色营销策略的实施得到内部的支持；应对实施过程加以监控并据测度结果随时予以修正。

第二节　关系营销

市场营销的质量是企业效益提升的关键。而市场营销中，客户关系的管理尤为重要，有效管理客户关系，不仅能够有效减少运营风险，也能促使营销额进一步提升，提升企业竞争力。本节针对客户关系管理中存在的问题进行了分析研究，并提出了几点改善措施。

随着经济的不断发展，市场经济进入了飞速发展的阶段，促使企业在不断进步发展的同时也迎来了诸多问题和挑战，尤其是市场份额的划分和企业间的竞争更是直接影响着企业的利益和生存，而市场营销中客户管理的有效管理占据着重要地位。因此，企业要想谋求发展，就要积极采取有效措施，不断加强对客户关系的管理，确保企业发展中的供求关系，提升产品的质量，促使企业良好、健康的发展。

一、当前市场营销客户关系管理中存在的问题

（一）客户信息掌握不全

现阶段，我国大多数企业在管理客户关系时，仍然在按照以往的经验进行管理，只关注客户中心的理念，对于基础性的工作更为重视，致使客户关系的管理相对单一。由于工作部门的属性影响，使得业务人员在进行客户关系管理时无法全面掌握客户的信息，再加上代销时很多营销人员的沟通能力相对不足，致使其在交流时对客户商品和情感的需求无法精确掌握，对客户所反馈的信息不能做到敏感反映，导致客户信息不能精准收集和传递，从而使客户关系管理出现问题。

（二）忽略客户的情感需求

目前，我国企业在进行客户关系管理时，还存在着一个较为明显的问题，那就是对客户的过于物化。企业只围绕客户商品的需求进行考虑，进而制订相应的沟通方案，大多数方案中所凸显的都是商品的性能和优势，致使客户在接受服务时感受的是冷冰冰的商品，忽视了对顾客情感需求的满足，这也使得客户与营销人员交流沟通时，没有足够的信任，在一定程度上影响了产品的销售。

二、市场营销中客户关系管理的重要意义

通过对客户关系的良好管理，能够在一定程度上促使企业营销风险的有效降低，进一步提升企业的盈利水平，构建良好的营销优势，提升企业的核心竞争力。

（一）有效降低营销风险

企业在进行有效的客户关系管理中，能够激发市场活力，获取潜在的新客户资源，促使营销风险有效降低。当企业和客户之间建立起信任的桥梁，就会实现企业和客户的双赢，因为建立信任、友好的合作关系是企业和客户的共同诉求，不仅能够使顾客得到更多的实惠，也能够促使企业发展得更好，降低企业营销的风险。在企业竞争压力日趋扩大的今天，企业想要长远、健康的发展，就要确保新客户资源的不断出现，这也说明了业务拓展在企业发展中的重要性。除此之外，企业在不断完善对客户关系的管理时，也能够使得客户能够对企业的发展给予一定的关注，从而及时获得客户的建议和意见，搜集有效的客户信息反馈，能够促使企业对客户的需求进一步的了解，从而对市场的走向和需求加以明确，不断提升产品的质量，进而稳定企业和客户之间的关系。同时，根据客户反馈的有效信息，制订有针对性的、符合客户需求的营销方案，实现对营销风险的掌控，对提升市场销售水平具有重要意义。

（二）提升盈利水平

客户管理系统的完善能够促使客户份额不断增加，使企业的经济效益不断提升。企业开展的一切内部活动都是为了促使企业实现进一步的发展，而开展的内部活动也会在一定程度上实现对企业的宣传，目前，我国一些企业就是通过在营销中不断发展客户关系，从而构建更多合作的平台。企业在维护客户关系时，不断优化管理模式，使宣传方案更加多样化，引进专业管理人才，实现对客户关系的有效管理。对市场定位中的客户利益份额进行及时的调整，促使企业和客户的信任关系进一步稳固。通过客户关系的可靠管理，有效指导营销方案的确定以及产品价格的制定，为企业最终的盈利奠定良好基础，促使企业市场营销的盈利水平进一步提升。

（三）提升营销优势

市场经济的不断发展，使得客户资源成为行业间抢夺的重点。因此，客户关系

的管理逐渐受到了企业管理和高层领导的重视。现阶段，在不断寻求创新和发展的过程中，一些企业已经建立了管理客户关系的专业管理团队，根据企业的实际发展情况，对于有效的客户实施系统的管理，使企业发展的空间不断提升，促使企业潜在客户的激发能力进一步提高。有效管理客户关系，不仅有助于树立良好的企业形象，在行业竞争中也能彰显有利的资源优势。同时，企业也需不断创新完善观念，形成独特的市场营销优势，使客户认可企业的创新意识和发展特色，从而获得更多客户，形成一个良性的循环，建立一个牢固的、有效的企业和客户关系。除了企业的优质资源，要想更好发挥营销优势，也要在特色工作上加大重视，从而让客户在良好的售后服务中获得信任感和依赖感，促使企业信誉进一步提升，推动企业可持续的、健康的发展。除此之外，对客户关系的有效维护，能够使企业营销方案的制订更具针对性。同时，根据客户信息的反馈，也能促使企业能够在不断变化、发展的市场环境中及时改变方案，符合客户的心理需求，从而不断提升营销的优势，推动企业良好发展。

（四）提升核心竞争力

在实际销售中，把企业的营销工作视为推销，致使企业关注于短期发展的经济效益，而忽略了对客户关系的管理工作。实际发展中，客户关系的管理是影响企业在市场中竞争的重要因素，从以下几个方面来看：（1）有效管理客户关系能够促使企业品牌进一步发展和提升，进而使企业知名度得到拓展；（2）对客户关系的良好管理是促使企业构建良好企业文化的基础，把以维护客户关系为发展方向的理念融入企业文化中去，进而更好地实现企业文化的完善，有助于企业管理系统和服务系统的良性发展；（3）有效管理客户关系能够促使有效的市场人才被挖掘，不断为企业注入优质的、鲜活的人力资源。这些都是提升企业竞争力的重要因素，因此，有效管理客户能够促使企业核心竞争力进一步提升。

三、市场营销中的客户关系管理的策略

客户关系是企业发展中不可或缺的重要因素，是始终贯穿企业营销过程的，影响企业经济发展的重要因素。因此，在企业实际发展中应加强对客户关系的管理，从而制定优质、有效的市场营销策略，提高企业利益。

（一）重视客户关系管理，提升客户信赖度

市场营销中，企业要充分认识到客户关系管理在企业发展中的重要性，有效划分和分析市场中多样化的客户关系，从而满足客户的产品需求和心理需求，提升客户的依赖性和忠诚性，有效巩固市场中企业占据的位置，使企业发展得到进一步拓展。同时，在制订企业营销方案时，管理人员也应对文化建设有所侧重，企业文化的发展离不开客户信息的掌握，因此，只有构建大量的优质客户信息，才能够促使企业工作水平和服务水平的进一步提升，从而改善企业产品的质量，满足客户的需求，进而使企业发展的能力不断提升，增加在市场中的占有率。

（二）构建科学合理的客户评价系统

现阶段，随着市场经济的不断发展，无论是企业的工作需求，还是产品质量的要求，都在不断提高。现代化的企业营销管理主要的工作就是对于客户关系的有效划分，明确客户的需求和信息，从而为客户来提供相应的警声服务和产品服务。因此，我国各大企业应根据掌握的客户信息构建一个完善的、科学的、合理的客户评价系统，对客户反馈的信息实行全面的分析。例如，企业在营销中，经常会出现客户流动的情况，依据评价系统，企业能够及时对客户流失的因素进行有效分析，也能够对新顾客的加入原因实时分析，通过信息的归纳和研究，实施科学优质的营销管理，进而将市场营销中产生的问题找出来，并针对性地制订解决方案，从而实现对营销策略的有效调整。

（三）重视对客户信息的获取

有效管理客户关系，不仅体现在产品质量的提升以及客户信息的科学分类工作中，还要有效获取企业内外客户的信息。企业实施市场营销的过程中，对资料管理的控制工作要有所提升，通过分析和获取客户信息，切实了解客户的各种需求，从而提供有效的客户服务。企业对客户的信息进行全面的综合时，可以借助现代化的、信息化的科学技术，从而构建一个先进的、完善的管理体系，统计掌握的客户信息，进而进行分析，促使企业服务的水平进一步提升，将自身生产的构成有机调节，使企业在发展中更加符合时代发展和客户的需求，同时，通过构建健全的客户访问记录，总结分析客户对企业服务和产品的态度，针对企业发展中产生的各种问

题，制订一个有效的解决方案，有效提升企业在市场营销中的综合实力。

综上所述，在企业发展过程中重视与客户之间的关系是尤为重要的，良好的信任关系不仅能够促使企业营业额进一步提升，也能够使潜在客户资源进一步开发。因此，企业需不断提高服务的质量，引进先进技术，及时分析和总结客户反馈的信息，进而促使企业方案更具针对性，不断提升企业效益，提高企业竞争力。

第三节　网络营销

一、网络营销产品策略

（一）网络营销产品的特点

网络营销的目的是为顾客提供满意的产品和服务，同时实现企业的利润。产品作为连接企业利益与消费者利益的桥梁，包括有形物体、服务、人员、地点、组织和构思。在网络营销中，产品仍然发挥着同样作用，它是指能提供给市场以引起人们注意、获取、使用或消费，从而满足某种欲望或需要的一切东西。由于网络营销是在网上虚拟市场开展营销活动，在面对与传统市场有差异的网上虚拟市场时，必须注意网上消费者一些特有的需求特征，因此，网络营销产品内涵与传统产品内涵有一定的差异性，主要是网络营销产品的层次比以前传统营销产品的层次大大拓展了。

在传统营销中，企业设计开发产品是以企业为起点出发的，虽然也要经过市场调查和分析来设计和开发，但在产品设计和开发过程中，消费者与企业基本上是分离的，顾客只是被动地接受和反应，无法直接参与产品概念形成、设计和开发环节。在网络整合营销理论中，强调营销的产品策略要转为以顾客为中心，顾客提出需求，企业辅助顾客来设计和开发产品满足顾客个性化需求，因此，有的人将这种策略称为"生产—消费的连接"。

在网络营销中，产品的整体概念可分为五个层次。

（1）核心利益层次，是指产品能够提供给消费者的基本效用或益处，是消费者真正想要购买的基本效用或益处。如消费者购买电脑是为了使用电脑，利用电脑作为上网工具；购买软件是为了压缩磁盘空间，播放 MP3 格式的音乐或上网冲浪等。由于网络营销是一种以顾客为中心的营销策略，企业在设计和开发产品核心利益时要从顾客的角度出发，要根据上次营销效果来制定本次产品设计开发方案。要注意网络营销的全球性，企业在提供核心利益和服务时要针对全球性市场提供，如医疗服务可以借助网络实现远程医疗。

（2）有形产品层次，是产品在市场上出现时的具体物质形态，主要表现在品质、特征、式样、商标、包装等方面，是核心利益的物质载体。对于物质产品来说，首先，产品的品质必须保障，因为网络营销是跨时空的，顾客对质量要求特别高。其次，必须注重产品的品牌，因为网上顾客对产品的认识和选择主要是依赖品牌。再次，注意产品的包装。网络营销的产品一般需要配送，范围是全球性的，因此包装必须标准化，而且要适宜全球运输。最后，在式样和特征方面要根据不同地区的亚文化来进行针对性加工。对于知识和信息类产品如软件产品来说，当它储存在磁盘中时，它的基本产品就是磁盘；而当它储存在 CD-ROM 里时，它的基本产品就是光盘；或者是储存在网络之中，它的基本产品就是不可触摸的比特形式。

（3）期望产品层次。在网络营销中，顾客占主导地位，消费呈现出个性化的特征，不同的消费者可能对产品要求不一样，因此，产品的设计和开发必须满足顾客的个性化消费需求。顾客在购买产品前对所购产品的质量、使用方便程度、特点等方面的期望值，就是期望产品。为满足这种需求，对于物质类产品，要求企业对设计、生产和供应等环节实行柔性化的生产和管理。如戴尔电脑公司为满足顾客对自己购买电脑的期望，它允许顾客通过互联网在网上组装和设计自己满意的电脑，然后以订单方式送到戴尔公司的生产部门进行生产，并由配送公司将电脑送给顾客。对于无形产品如服务、软件等，要求企业能根据顾客的需要来提供所需服务。如保险公司允许顾客通过网络来设计自己需要的保险险种；再如，许多软件在销售给顾客后，允许顾客通过技术支持和服务对产品进行二次开发，以满足顾客自己独特的需要。

（4）延伸产品层次，是指由产品的生产者或经营者提供的购买者有需求的产品层次，主要是帮助用户更好地使用核心利益和服务。在网络营销中，对于物质产品来说，对延伸产品层次要注意提供满意的售后服务、送货、质量保证等，这是因为网络营销产品市场具有全球性，如果不能很好解决这些问题势必影响网络营销的市场广度。对于无形产品如软件、音乐等产品，由于可以直接借助网络营销渠道进行配送，因此，重点是产品的质量保证和技术保证。比如，现在大多数软件商都许诺用户可以享受免费的软件升级服务，可以以优惠价格购买同一公司的软件或产品。

（5）潜在产品层次，是在延伸产品层次之外，由企业提供能满足顾客潜在需求的产品层次，它主要是产品的一种增值服务。它与延伸产品的主要区别是，顾客没有潜在产品层次的需要时，仍然可以很好地使用顾客需要的产品的核心利益和服于网络购买无法像亲临现场购物那样亲身体验，因此，顾客对产品质量尤为重视。正是因为对产品质量的担心，许多购买者只愿意购买那些标准化的产品，如图书等小件商品。

网上市场的全球性，使得产品在网上销售面对的是全球性市场。因此，通过互联网对全世界国家和地区进行营销的产品要符合该国家或地区的风俗习惯、宗教信仰和教育水平。网上销售产品在注意全球性的同时也要注意产品的本地化。同时，由于网上消费者的个性化需求，网络营销产品的式样还必须满足购买者的个性化需求。

在网络营销中，生产商与经营商的品牌同样重要。一方面，要在网络中浩如烟海的信息中获得浏览者的注意，必须拥有明确、醒目的品牌；另一方面，由于网上购买者可以面对很多选择，同时，网上购买无法进行购物体验，因此，购买者对品牌比较关注。根据研究传统优势品牌不一定在网上占优势，如可口可乐公司的网站不能依靠其品牌优势吸引年轻人访问它的网站，在网上须重新建立网上品牌。

作为通过互联网经营的针对全球市场的产品，其包装必须适合网络营销的要求。例如，通过网络传送的软件、游戏、信息等无形产品就可以没有任何包装；而其他的实体性的产品，就应采用适合专业递送的包装。

网上市场是以网络用户为主要目标的市场，在网上销售的产品要能覆盖广大的地理范围。

一方面，互联网作为信息传递工具，在发展初期是采用共享和免费策略发展而来的，网上用户比较认同网上产品价格低廉的特性；另一方面，由于通过互联网络进行销售的成本低于其他渠道的产品，在网上销售产品一般采用低价位定价。

二、网络营销价格策略

（一）网络时代的消费者地位提升

与传统营销一样，网络营销产品的价格一样要由市场这只"看不见的手"来决定，价格是由市场供应方和需求方共同决定的。市场通过价格杠杆来配置资源。但市场经济中存在一个资源配置效率的问题，是它在左右着市场经济中的生产与需求关系。从经济学角度来说，最优供需配置机制应达到这样的目标：如果经济运行已达到最高效率，那么，任何一部分人要进一步改善处境，就必须以另外一些人的处境恶化为代价。那么，怎样才能既改善一部分人的处境又不损害他人呢？意大利著名经济学家帕累托考察了资源的最优配置和产品的最优分配问题，提出通过改变资源的配置方法来实现"最优供需配置状态"，又称"帕累托最优状态"。要实现帕累托最优状态，需要同时满足以下三个条件：生产的最优条件、交换的最优条件、生产与交换的最优条件。

所谓生产的最优条件，就是在生产要素存量一定的情况下，使产出达到最大的条件，即在不考虑需求弹性或认为需求无止境时，从生产者的角度出发，力求达到产量和利润最大化的过程。随着互联网得到日益广泛的应用，特别是互联网和Extranet的引入，使生产者逼近最优条件的速度和程度都得以显著提升。由互联网引发的管理革命和由Extranet支撑的产业联盟体系，使生产者能够极大地提升效率，降低成本，不断地逼近"生产的最优条件"。

所谓交换的最优条件，是使交换双方得到最大满足和最高效率的条件。与生产的最优条件相反，交换的最优条件是不考虑供应弹性或认为供应无止境时，从需求者的角度出发，力求达到支出不变而效果最佳的过程。Extranet和互联网的引入，使交换的最优条件得以快速建立——因为通过Extranet采购，可以加速生产工具和原材料市场的资源分配。同时，互联网导致需求多样、市场容量激增、消费特征变迁，并使替代品数量增多。

所谓生产与交换的最优条件，即社会生产结构与需求结构相一致，生产出来的产品都是社会需要的，不存在滞销和积压。也就是说，任何生产者都有能力快速应对需求的变化。在工业经济时代，需求方特别是消费者，由于信息不对称，并受市场的空间和时间隔离，不得不处于一种被动地位，从属于供应方来满足需求。互联网的出现不但使得收集信息的成本大大降低，而且还能得到很多的免费信息。网络技术发展使得市场资源配置朝着最优方向发展。这意味着，市场的主动权不再是供应方而是需求方，由需求引导的市场资源配置是网络时代的重要特征。价格作为资源的配置杠杆，它的主动权是由需求方把握和决定的，供应方只有生产出能满足需求方理想中价值的产品，才可能占领市场，获得发展机会，而需求方则能利用自己的选择权，在信息越来越充分的市场中选择最接近自己满意的价值标准的产品。

（二）网络营销产品定价目标

1. 企业的定价目标

企业的定价目标一般有：生存定价、获取当前最高利润定价、获取当前最高收入定价、销售额增长最大量定价、最大市场占有率定价和最优异产品质量定价。企业的定价目标一般与企业的战略目标、市场定位和产品特性相关。一般企业在制定价格时，主要是依据产品的生产成本，这是从企业局部来考虑的。企业价格的制定更应该从市场整体来考虑，它取决于需求方的需求强弱程度和价值接受程度以及来自替代性产品的竞争压力程度；需求方接受价格的依据则是商品的使用价值和商品的稀缺程度以及可替代品的机会成本。在网络营销中，市场还处于起步阶段的开发期和发展时期，企业进入网络营销市场的主要目标是占领市场，求得生存发展机会，然后才是追求企业的利润。目前，网络营销产品的定价一般都是低价甚至是免费的，以求在迅猛发展的网络虚拟市场中寻求立足机会。网络市场分为两大市场，一是消费者大众市场，二是工业组织市场。前者的网民市场，属于前面谈到的成长市场，企业面对这个市场时必须采用低价策略来占领市场。在工业组织市场，购买者一般是商业机构和组织机构，购买行为比较理智，企业在这个网络市场上的定价可以采用双赢的定价策略，即通过互联网技术来降低企业、组织之间的供应采购成本，并共同享受成本降低带来的双方价值的增值。

从企业内部来说，企业产品的生产成本的总趋势是下降的，而且成本下降趋势越来越快。在网络营销战略中，要从降低营销及相关业务管理成本费用和降低销售成本费用两个方面分析网络营销对企业成本的控制和节约。下面将全面分析一下，互联网的应用将对企业其他职能部门的业务带来哪些成本费用节约。

俗话说，"病从口入"，对企业也是一样，企业的采购如果管理不善，采购的原料价格过于昂贵或者质量低下，无论在生产过程中如何管理和控制，其产品都将直接受到影响。而采购过程中经常出现的问题，是由于过多的人为因素和信息闭塞造成的，通过互联网可以减少人为因素和信息不畅通问题，在最大限度上降低采购成本。

首先，利用互联网可以将采购信息进行整合和处理，统一从供应商订货，以求获得最大批量折扣。其次，通过互联网实现库存、订购管理的自动化和科学化，可最大限度减少人为因素的干预，同时，能以较高效率进行采购，可以节省大量人力和避免人为因素造成不必要损失。最后，通过互联网可以与供应商进行信息共享，可以帮助供应商按照企业生产需要进行供应，同时，又不影响生产和增加库存产品。

利用互联网将生产信息、库存信息和采购系统连接在一起，可以实现实时订购，企业可以根据需要订购，最大限度降低库存，实现"零库存"管理。这样的好处是，一方面，减少资金占用和减少仓储成本，另一方面，可以避免价格波动对公司经营的影响。正确管理存货能为客户提供更好的服务并为公司降低经营成本，加快库存核查频率会减少与存货相关的利息支出和存储成本。减少库存量意味着现有的加工能力可更有效地得到发挥。更高效率的生产可以减少或消除设备的额外投资。

利用互联网可以节省大量生产成本。一方面，利用互联网可以实现远程虚拟生产，在全球范围寻求最适宜的生产厂家生产产品；另一方面，利用互联网可以大大缩短生产周期，提高生产效率。使用互联网与供货商和客户建立联系使公司能够比从前大大缩短用于收发订单、发票和运输通知单的时间。有些部门通过增值网共享产品规格和图纸，以提高产品设计和开发的速度。互联网的发展和应用将进一步减少产品生产时间，其途径是通过扩大企业电子联系的范围，或是通过与不同研究小组和公司进行的项目合作来实现。

2. 网络营销定价特点

定价是在市场经济中非常重要的活动，它有一些重要的特点，这些特点有助于理解和实施有效的定价策略。以下是定价的一些主要特点：

目标导向性：定价的首要目标是实现特定的商业目标，如盈利最大化、市场份额增长、销售增加或品牌价值提升。不同的企业可能会制定不同的定价策略，以满足其独特的目标。

弹性：定价与市场需求的弹性相关。如果市场对产品或服务的需求相对不敏感，价格变化对销售量的影响会较小。反之，如果市场需求弹性较大，价格变化可能会导致销售量明显波动。

竞争环境：市场中的竞争格局会直接影响定价策略。在竞争激烈的市场中，企业可能采取不同的定价策略，如价格战或差异化定价，以获取竞争优势。

成本结构：企业的成本结构对定价决策至关重要。定价必须覆盖生产、分销和销售等成本，同时，还要为盈利留出余地。

客户定位：企业通常会将不同的客户群体分为不同的定价层次，以满足不同客户的需求和购买能力。这被称为差异化定价。

定价周期性：定价并不是一成不变的，而是需要定期评估和调整的。市场条件、竞争环境和成本结构可能随时间而变化，因此定价策略需要随之调整。

定价策略：企业可以选择不同的定价策略，如高价策略、低价策略、捆绑销售、折扣等，以满足其市场战略和目标。

定价弹性：消费者对价格的敏感度不同，某些产品或服务可能对价格更为敏感，而其他则相对不敏感。企业需要了解其产品或服务的价格敏感度，以制定有效的定价策略。

总之，定价是一个复杂而动态的过程，需要综合考虑多种因素，包括市场条件、成本、竞争和消费者需求，以制定有效的定价策略，从而实现商业目标。不同的企业和市场可能需要不同的定价方法和策略来取得成功。

三、网络营销渠道策略

与传统营销渠道一样，以互联网作为支撑的网络营销渠道，也应具备传统营销渠道的功能。营销渠道是指与提供产品或服务以供使用或消费这一过程有关的一整套相互依存的机构，它涉及信息沟通、资金转移和产品转移等。网上销售渠道就是借助互联网络将产品从生产者转移到消费者的中间环节，一方面，它要为消费者提供产品信息，让消费者进行选择；另一方面，在消费者选择产品后要能完成一手交钱一手交货的交易手续，当然交钱和交货不一定要同时进行。因此，一个完善的网上销售渠道应有三大功能：订货功能、结算功能和配送功能。

（一）订货系统

它为消费者提供产品信息，同时，方便厂家获取消费者的需求信息以求达到供求平衡。一个完善的订货系统，可以最大限度地降低库存，减少销售费用，因此，许多企业，特别是与计算机相关的行业发展最快。

（二）结算系统

消费者在购买产品后，可以有多种方式方便地进行付款，厂家应有多种结算方式。目前，国外流行的几种方式有：信用卡、电子货币、网上划款等几种方式。我国由于银行业还不是很发达，特别是一般消费者都没有建立信用，因此，很少有人使用信用卡进行付款。目前，国内付款结算方式有：邮局汇款、货到付款、信用卡。我国一些银行也开通了网上支付手段，如招商银行的与"一卡通"配套的"一网通"、中国银行的以信用卡为基础的"电子钱包"和中国建设银行提供的"网上银行"，这说明我国支付手段在进步。

（三）配送系统

一般来说，产品分为有形产品和无形产品。无形产品如服务、软件、音乐等产品可以直接通过网上进行配送，如现在许多软件都可以直接从网上购买和下载，再如现在流行的 MP3 格式音乐也可以直接从网上下载使用，通过网上提供服务也是如此，因此，配送系统一般讨论的是有形产品的配送问题。有形产品的配送，要涉及运输和仓储问题。

在传统营销渠道中，营销中间商是营销渠道中的重要组成部分。中间商之所以在营销渠道中占有重要地位，是因为利用中间商能够在广泛提供产品和进入目标市场方面发挥最高效率。营销中间商凭借其业务往来关系、经验、专业化和规模经营，提供给公司的利润通常高于设立自营商店所能获取的利润。但互联网的发展和商业应用，使得传统营销中间商凭借地缘原因获取的优势被互联网的虚拟性所取代，同时互联网的高效率的信息交换，改变了过去传统营销渠道诸多环节，将错综复杂的关系简化为单一关系。

利用互联网的信息交互特点，网上直销市场得到大力发展。因此，网络营销渠道可以分为两大类。一类是通过互联网实现的从生产者到消费者的网络直接营销渠道。这时传统中间商的职能发生了改变，由过去环节的中间力量变成为直销渠道提供服务的中介机构，如提供货物运输配送服务的专业配送公司，提供货款网上结算服务的网上银行，以及提供产品信息发布和网站建设的 ISP 和电子商务服务商。网上直销渠道的建立，使得生产者和最终消费者直接连接和沟通。另一类，是通过融入互联网技术后的中间商提供网络间接营销渠道。传统中间商由于融合了互联网技术，大大提高了中间商的交易效率、专门化程度和更大的规模经济，从而比某些企业通过网上直销更有效率。

由于网上销售对象不同，因此，网上销售渠道是有很大区别的。一般来说，网上销售主要有两种方式。一种是BTOB，即企业对企业的模式，这种模式每次交易量很大，交易次数较少，并且购买方比较集中，因此，网上销售渠道的建设关键是建设好订货系统，方便购买企业进行选择；由于企业一般信用较好，通过网上结算比较简单；另一方面，由于量大次数少，因此，配送时可以进行专门运送，既可以保证速度也可以保证质量，减少中间环节造成的损耗。第二种方式是BTOC，即企业对消费者模式，这种模式的每次交易量小，交易次数多，而且购买者非常分散，因此，网上渠道建设的关键是结算系统和配送系统，这也是目前网上购物必须面对的门槛。在选择网络销售渠道时还要注意产品的特性，有些产品易于数字化，可以直接通过互联网传输，如大多数的无形产品和服务都可以通过互联网实现远程传输，可以脱离对传统配送渠道的依赖。但大多数有形产品，还必须依靠传统配送渠道来实现货物的空间移动，对于部分产品所依赖的渠道，可以通过互联网进行改造最大限度提高渠道的效率，减少渠道运营中的人为失误和时间耽误造成的损失。

在具体建设网络营销渠道时，还要考虑到下面几个方面：

首先，从消费者角度设计渠道。只有采用消费者比较放心、容易接受的方式才有可能吸引消费者网上购物，以克服网上购物的"虚"的感觉。如在中国，目前采用货到付款方式比较让人认可。

其次，设计订货系统时，要简单明了，不要让消费者填写太多信息，而应该采用现在流行的"购物车"方式模拟超市，让消费者一边看物品比较选择，一边让消费者选购。在购物结束后，一次性进行结算。另外，订货系统还应该提供商品搜索和分类查找功能，以便于消费者在最短时间内找到需要的商品，同时还应向消费者提供想了解的有关产品信息，如性能、外形、品牌等重要信息。

再次，在选择结算方式时，应考虑到目前实际发展状况，应尽量提供多种方式方便消费者选择，同时，还要考虑网上结算的安全性。对于不安全的直接结算方式。

最后，关键是建立完善的配送系统。消费者只有看到购买的商品到家后，才真正感到踏实，因此建设快速有效的配送服务系统是非常重要的。在现阶段，我国配送体系还不成熟，在进行网上销售时要考虑到该产品是否适合于目前的配送体系。

正因如此，目前，网上销售的商品大多是价值较少的不易损坏的商品，如图书、小件电子类产品。

四、网络广告策略

（一）网络广告概述

网络广告一般是指在互联网上发布、传播的广告。它是互联网问世以来广告业务在计算机领域的新的拓展，也是互联网作为营销媒体最先被开发的营销技术。网络营销管理系统正是在最初的网络广告基础上建立起来的。

虽然互联网所具有的开放性使其成为一个商业宣传的优良媒体，但是若以传统的方式在网络上进行广告宣传将很难被接受，甚至会遭到报复。因为在互联网上的行为规则十分规范，提供信息必须遵循它的规则，即必须遵循网络礼仪。因此，传统广告的思路绝对不能照搬到网络上来，网络广告需要重新进行定位，需要一种全新版本的广告理论和广告技术。

1. 网络广告的特点

传统广告理论是建立在工业时代大众化消费、大规模、大批量、标准化生产的基础之上的，传统的广告媒体，包括电视、广播、报纸、杂志的大众媒体，都只能单向交流，强制性地在一定区域内发布广告信息，受众只能被动地接受，不能及时、准确地得到或反馈信息。网络广告与传统广告媒介相比，由于含有更多的技术成分，使它具有许多鲜明的特点：

（1）网络广告具有无比广泛的传播时空

传统广告的广告空间非常有限且价格昂贵，广告主必须花费很高的费用购买一则几秒、几十秒的广播或电视的广告时段，或者是报纸与杂志的广告版面，或者是路边的一个广告牌。这些有限的空间所传播的信息也少得可怜，广告主不能将大量的引人入胜的内容传播出去，而且很容易受到目标受众的收听、收看、阅读习惯的影响而收效甚微。而网络广告的广告空间几乎是无限的，成本也很低廉。广告主可以花很少的钱提供关于企业和产品的丰富多彩的信息，并且可以根据消费者对信息的不同需求而灵活剪裁信息内容，以适应每一位访问者的个性化需求。

传统广告刊播时间要受到购买时段或刊期的限制，容易错过目标受众，并且广告信息难以保留，广告主为吸引消费者的注意力、在消费者心中创建关于企业和产品的深刻印象，不得不频繁地刊播广告以保证其广告不被消费者遗忘。在网络广告中，时间的概念对广告主没有太大的意义，网上广告的信息存储在广告主的服务器中，消费者可以在 1 年内的任何时间随时查询，不必为传统广告的排期而费神。但对消费者来说，时间却是至关重要的，网络广告的访问者是要按时间双重付费的，要想让消费者肯花时间浏览你的广告，就必须增加广告的价值以吸引消费者。

另外，网络广告的传播范围要远远大于传统广告，它以自由扩张的网状媒体，可以把广告传播到互联网所覆盖的全球众多国家的目标受众，从而避免了当地政府、广告代理商和当地媒介等问题。

（2）网络广告可实现广告主与目标受众的即时互动

传统广告是一种单向的信息传播，由广告主将广告信息推向目标受众。这种大众化沟通模式将受众放在被动接受信息的地位，广告主利用各种媒体，以相同的时间、相同的方式、相同的内容刺激受众的视觉、听觉器官，企图将有关的信息和意象硬性地灌进受众的脑海，劝诱目标受众成为购买者。即使受众受到广告的影响要采取行动，也不能及时与广告主实现双向交流，这种交流中的时差与延误，会降低消费者的购买热情。

网络广告是一种推拉互动式的信息传播方式。网络广告是以分类商品信息的方式将相关产品所有的信息组织上网，等待着消费者查询或向消费者推荐相关的信息。消费者成为交流的主动方，他们在某种个性化需求的驱动下主动、自由地去寻找相关的信息、浏览公司的广告，遇到符合自身需求的内容可以进一步详细地了解，并可以通过正在浏览的页面直接向公司发出电子邮件进行更详细的查询或直接下订单。广告主一旦接收到信息，就应该立即"活"起来，根据顾客的要求和建议及时做出积极反馈，使出浑身解数将顾客留住。网络广告的即时交互特性，使得广告传播成为"一对一"的个体沟通模式，提高了目标顾客的选择性。

（3）网络广告传播信息的非强迫性

传统媒体都具有强势灌输的特性，都是通过推的方式进行信息交流，受众不管喜不喜欢，愿不愿意，只能被动地接受这些信息，几乎没有选择是否接受的权利。现代消费者已经厌恶了原有的强势灌输的信息交流方式，网络广告的交互性又使受众享有了主动选择的权利，他们在网络上主动寻找适合自己需要的信息，形成一种由受众出发向广告主索要特定信息的"拉"与互动相结合的沟通形式。这种沟通形式使得网络广告的主要作用是根据顾客的需要提供相应的信息，变操纵顾客为服务顾客，因此，网络广告属于非强迫性的"软性"广告。

（4）网络广告具有较高的经济性

传统广告的投入成本非常高，其中，广告媒体费用要占到总费用的近80%。他们空间有限且价格昂贵，不论购买空间多大，均按宣传的成本和时间计费，空间越大，广告篇幅越长，收费就越高。而网络广告的平均费用仅为传统媒体的3%，并可以进行全球性传播。因此，网络广告在价格上具有极强的竞争力。

（5）网络广告内容的直观性

传统广告由于受到媒体时段和版面等因素的限制，要求能够在有限的时间和空间范围内吸引住受众，很难展开详尽的内容，他们多用画面、音乐等在受众的脑中创建某种印象，从而引发某种联想、情绪，促使受众采取行动，而对产品本身的信息提供放在次要位置。目前，网络广告都含有大量的图片、文字资料，可以提供内容更加全面、具体的详细信息，利用页面之间的超链可以在任何时候在相应的页面上查到所需信息。随着多媒体技术和网络编程技术的提高，网上广告可以集文字、动画、全真图像、声音、三维空间、虚拟现实等为一体，创造出身临其境的感觉，既满足浏览者搜集信息的需要，做到"轻轻一击，一目了然"，又提供了视觉、听觉的享受，增加了广告的吸引力。

（6）网络广告效果的可测评性

运用传统媒体发布广告的营销效果是比较难以测试、评估的，我们无法准确测度有多少人接收到所发布的广告信息，更不可能统计出有多少人受广告的影响而做出购买决策。网络广告效果测定虽然也不可能完全解决营销效果的准确测度问题，但可以通过受众发回的电子邮件直接了解到受众的反应，还可以通过设置服务器端的 Log 访问记录软件随时获得本网址访问人数、访问过程、浏览的主要信息等记录，以随时监测广告投放的有效程度，从而及时调整市场营销策略。

以上特点决定了网络广告具有传统媒体无法比拟的优势，它所孕育的无穷无尽的商机，吸引着越来越多的企业加入网络广告的行列，并进一步激发了网络广告的发展与成熟。网络广告正是凭借着得天独厚的优势，形成了与传统媒体相依共存、优势互补的关系。

（二）网络广告过程

广告策划是贯穿于广告活动始终的一种指导性活动，对企业广告宣传的效果具有决定性的作用。传统媒体的广告策划过程一般包括广告市场调查、广告目标策划、广告对象策划、广告地区策划、广告时间策划、广告媒体策略、广告设计制作方案、广告预算、广告实施和广告效果测定等相互依赖、相互制约的若干步骤。网络广告的策划过程与传统媒体的广告策划过程，有许多相似之处，但作为一种新的媒体，又有其自身的特点。网络广告过程一般包括以下几个步骤：

1. 网络广告目标受众分析

产品和服务都有各自的目标市场，广告宣传就是将与产品或服务有关的信息传递到目标市场的目标受众。网络广告也不例外，网络广告也必须围绕企业的目标顾客群进行设计和编排，必须与目标受众保持协调一致。因此，分析和了解目标受众是成功进行网络广告宣传的前提。

网上冲浪要求冲浪者必须具备网络操作使用方面的知识和技能，决定了网络的受众是具有特定文化背景和教育层次的人群。

正是由于互联网受众的特殊性，首先，企业在进行网络广告策划时必须进行定位，分析所提供的产品或服务的目标是否与互联网用户相一致；其次，还要分析网络的既有受众与企业目标市场的重合度有多大，一般来说，电脑软硬件产品、知识含量高的产品、创意独特的产品、有特殊收藏价值的产品、服务类无形产品等利用网络广告更容易取得成功，一般性产品也可以利用网络广告宣传来增强品牌的认知和建立品牌忠诚。对重合度的测定可以对目标受众进行网上抽样调查来实现。

在开展网上广告的过程中，不可避免地要遇到竞争对手，对竞争对手的分析是研究和了解竞争对手，取其所长，补己之短，争取目标受众，获得竞争优势的好方法。

2. 确定网络广告的沟通目标

目标受众及其特点确定以后，要对网络广告的目标、主题、内容、表现手法等进行评价，以确定广告活动所引起目标受众心理上的反应程度，并通过网络广告的沟通，使目标受众顺利完成从认知、感知到行动的心理过程。网络广告的沟通是一种推拉互动式的双向沟通，从推的角度看，网络广告也需要企业主动去宣传，引起目标受众的注意,但这种"推"不同于传统广告的强行灌输式的"推",而是一种软件的、温柔的、礼貌的"推",即只有当顾客有要求时,才会收到提供的该广告的网页信息。企业应根据目标受众目前的主要心理反应层次确定大众沟通目标,制定出符合其心理特征的广告信息,引导目标受众实现心理转变。从"拉"的角度看,是目标受众主动上网去搜索产品信息,他们中的绝大部分事先对企业网站已有所了解并产生兴趣,因此,企业应针对每个人的认知和行为过程,建立顾客数据库,确定个体沟通目标,实施个人跟踪性沟通,更有效地促使其采取购买行动。

3. 网络广告信息设计

网络广告是信息型的广告,网络广告的浏览者都是各类信息的寻求者。他们不会单凭某种印象做出网上购买的决定,他们习惯于对信息进行理性的分析,所以网络广告应能向他们提供足够详尽的具有逻辑和说服力的信息,才能最终促成购买决策。可见,广告信息设计是网络广告中非常重要的一个环节。

根据网络广告沟通目标的要求,网络广告信息设计既要传送大众化的信息,又要传送个性化的信息,实现大众沟通和个体沟通的统一。企业网页是大众沟通的主要手段之一,首先,企业网页设计要设计信息内容,力求做到全面,层次清晰,提高网页的吸引力和信息表达程度;其次,要设计合理的信息结构,即企业的各类信息在网页上的架构、相互关系及链接,如果提供的信息路径烦琐、连接和传输速度很慢,可能会造成许多不耐烦的浏览者离开站点;最后,还要设计信息的格式,即信息的标题、文本、图像、菜单等,使得企业网页的界面友好,易于导航。

4. 选择网络广告中介

企业设计制作和发布网络广告离不开各类网络广告中介服务,网络上有众多信息服务商,但这些网络服务商在资金、技术、市场、速度与出口等方面差别很大,进行网络广告策划必须慎重选择网络服务商。

(三)网络广告沟通

发布广告的过程实际是一个与目标受众信息沟通的过程。因此,有效沟通必须考虑三个基本因素,即信息源、信息和沟通对象。此外,还必须能够将信息转化为接收者可以理解的形式,利用某种渠道传播,信息接收者能够理解并能促使其做出反应。

1. 传统广告沟通模式

行销大师菲利浦·科特勒认为，传统广告的沟通是一种大众沟通模式。

这一模式是建立在以下假设基础之上的：①信息接收者是由千百万名急于和准备接受信息的彼此孤立的个人组成的集合体；②每一种信息都具有直接地和强有力地激起受众迅速作出反应的特点；③在信息与受众个人态度之间有直接的联系，它强调了有效沟通中的一些关键要素，即发送者必须知道要把信息传给谁，要获得什么反应；他们必须是编译信息的能手，要考虑目标受众如何解译信息；要选择那些能够触及目标受众的有效媒体；必须建立反馈渠道，以便能够随时了解受众对信息的反应利用大众沟通模式进行广告宣传，其根本任务是将信息送达目标受众，并给受众留下深刻的印象使接收者最终导致行动。由于它所面对的是个体不确定的"公众"，所以只能采取诱导式说服的方式，试图通过具有诱惑力的生活片段、生活方式、幻想、音乐、形象甚至名人、明星、科学证据等，在受众头脑中形成某种印象，潜移默化地诱导受众成为购买者，而常常不涉及产品本身的性能、结构等。由此可见，大众沟通模式是一种以"推"的策略进行大面积单向强势信息灌输的方式，它没有将信息直接传送到目标受众，同时，信息的传送与反馈又是相互隔离的。这就形成了广告主铺天盖地的广告轰炸与受众越来越冷淡和厌恶的反应之间强烈的反差，而广告主试图通过各种反馈渠道来了解广告沟通效果从而根据顾客需求进行改进的努力，也由于信息发送和反馈间存在的时差而总是滞后于顾客需求的变化。理论研究和实践均表明，大众沟通模式对受众的影响力正在下降，它已不能适应现代消费者主动寻找适合自己需要的信息、理性做出消费决策、追求个性化和定制化服务的需要。

2. 网络广告沟通模式

网络广告的沟通兼具大众沟通模式和个体沟通模式的特点。个体沟通模式是指两个或更多的人相互之间直接进行沟通的形式，它具有传授双方双向交流、针对性强、直接反应的特性。用面对面、电话、电传、电视直销、直接邮寄等方式，进行信息传播的个体沟通模式，很快成为广告主和广告商的新宠而备受青睐。

虽然目前所采用的个体沟通方式，在一定程度上实现了企业与顾客的双向交流，能在广告的同时销售商品，并通过回复卡、电话查询、订货付款等环节把相关信息汇入顾客数据库，使得广告活动更具有针对性，与大众沟通模式相比具有非常明显的优越性，但是，一方面，它们需要沟通双方必须在通道的两端同时出现，另一方面，它们仍然是传统的"推"式策略的延伸，再者，它们影响受众采取行动的机制仍然是"劝诱"。在信息交流的过程中，发送者作为主动方、受众是被动方的地位仍未改变，所提供的广告信息由于受到时间、空间的限制不能做到详细全面，传播的范围也有限。网络的出现使信息沟通模式发生了质的变化，网络既可以作为大众沟通媒介又可以作为个体沟通媒介，特别是它的即时互动特性是其他媒体难以比拟的，由此而形成了网络广告沟通典型的"推""拉"双向互动模式。

网络广告在促成顾客采取行动方面的机制也与传统广告不同，传统广告的"劝诱"机制在网络上很难见效，其主要原因有：一是网络广告的内容显示控制在浏览者手中，浏览者可以根据自己的需要随心所欲地连接或剪裁；二是多媒体技术的发展使得顾客可以对虚拟产品全方位、动态地进行观察、试用，有身临其境的感觉；三是网络给发送者提供了几乎无限的廉价信息空间，广告信息的设计制作不必担心空间和时间，可以提供百科全书式的详尽信息；四是网络广告的目标受众平均受教育程度与平均收入均高于总体人口平均水平，它们是一群具有理性消费决策能力的特殊受众，不会仅凭印象就采取行动。因此，网络广告更多地采取基于信息的理性诉求，主要依靠逻辑、理性的说服力促成消费者采取行动。网络广告是信息型的具有逻辑说服力的广告。

3. 如何提高网站的访问率

网站是发布广告和其他各类信息以及与顾客实现互动式交流的最佳场所，网站上的网页是实现企业与受众信息交流的界面。要使网络广告的信息传播有效，必须增加传授双方接触的次数，提高双方互动的程度，也就是说，必须想方设法吸引目标受众进入你的网站、浏览网页、详细阅读感兴趣的各类信息，并鼓励目标受众马上做出反应可见。要提高网络广告的沟通效果，必须提高网站的访问率。

（1）以最经济的方式建设成功的企业网站

建立成功的网站不但可以起到产品宣传的作用，更是树立企业形象的最佳工具，它是企业网上广告宣传的根本手段，但它也是所有网络广告形式中费用最高的，因此，有些企业，特别是小企业往往会望而却步。殊不知，在互联网上创建、主持、公布并维护自己的网站，有相当一部分服务可以通过免费的方式获得，这就为以最经济的方式建立企业网站创造了条件。

要想以最经济的方式建立网站，首先要完成基础性工作，即在上网之前企业必须购置一定的硬件和软件，申请一个服务账号，选择适当的连接方式上网，并了解和掌握网页编程语言 HTML 的基本知识，以使网页的更新与维护更加方便。完成基础性工作的费用是必不可少的，但企业也可以尽可能降低费用，如硬软件提供商的报价有差异；ISP 由于所处的区域和合同内容不同，费用也有很大的差异；连接上网的方式不同，费用的差异非常大。企业要根据需要灵活选择，即可为企业节省大量的费用，编写网页的工作也可以雇用报酬比较低的程序员或不计报酬的社会实践者来完成，不必非要让专业公司或专业人员来编写。基础性工作完成之后，企业即可以在网络上寻找为数众多的免费资源。

（2）吸引顾客访问本企业网站

能否有效地提高企业网站的访问率，对于企业能否成功地进行网络广告宣传起着至关重要的作用，对于任何一个网上企业来说，提高网站的访问率比建立网站难度更大，在网络上，公司的网址或域名就是公司的标志，每个公司都有自己唯一的网址域名为公司网址注册一个简单、鲜明、易记忆的域名，并能与公司品牌或名称相互融合是吸引顾客的第一步。由于域名和商标一样是企业的无形资产，加之目前注册网址的规定还不完善，一些别有用心的机构或个人纷纷在互联网上抢注一些著名企业的名称或品牌名称，给企业造成不必要的无形资产损失，因此，企业应尽快注册网址，保护自己的网络空间。

抢占优良网址固然重要，如果不进行网址宣传，网络上的目标受众也很少对企业的网址投以关注的目光。企业必须通过多种途径进行网址宣传，设法使企业的网址信息或其他信息散布在众多的网络区域上，并建立连接的路径以方便受众连接到本企业的网站。企业可以通过网站登录、在热门网站首页设置"热点链接"、与其他企业互惠式连接等方式，使企业的网站更容易被搜索到。

吸引并方便受众频繁访问本企业网站是提高网站访问率的又一关键，这取决于受众在访问过程中的感受。如果网页设计能给受众留下良好的印象，就会增加他们下一次访问的可能性；如果给受众的印象非常糟糕，即使连接再方便他们也不会再次光临。这就要求网页设计时要注意网页的结构要合理，内容要全面，提供清晰的漫游指示，利用富有创意的主页给受众留下深刻的第一印象。另外，烦琐的路径也会影响受众的再次访问，企业要尽可能在流行网址目录或标签册中登记确切的网址路径，使访问者能直接进入企业网站的主页或子网页中，为他们下一次访问提供方便。

五、网络公共关系策略

（一）网络公共关系概述

公共关系是社会组织为塑造组织形象，通过传播沟通手段来影响公众的艺术。随着企业与外界的联系越来越密切以及目标市场消费者的需求越来越个性化，公共关系作为营销沟通的手段，在提升企业形象、赢得顾客信任，为企业发展创造良好的外部环境方面的作用越来越重要。近年来，网络的飞速发展以及在商业领域的广泛应用，为企业带来了前所未有的机遇和空前严峻的挑战，也为企业公共关系活动开拓了新的领域，提出了新的要求。如何把握网络公共关系的优势、特点及活动规则，利用网络有效开展公共关系活动，是企业公共关系活动人员所面临的新的现实问题。

1. 网络公共关系的特点

网络公共关系策略与网络广告策略都是利用现代传播媒介——网络，实现与受众的信息沟通来为企业服务，但二者存在着根本的区别。网络广告的目标是扩大销售、而网络公共关系的目标是塑造良好的企业形象。网络广告的沟通对象主要是目标市场上的目标顾客，而网络公共关系的沟通对象则是各类相关公众。网络广告大多需要购买广告空间，从企业的角度去宣传产品，主观性较强，而网络公共关系则多是通过影响传播媒介从第三方立场评论，客观性强，提高了信息的可信度。因此，网络公共关系可以比网络广告能更有效地提高企业及产品的知名度、美誉度和信任度。网络广告虽然在传播方式上发生了革命性变化，由传统的单向沟通变为互动式双向沟通，但由于受到网络礼仪的限制，不能像传统广告那样大面积强势传播去影响众多的受众，更多地需要受众的主动连接，这就要求企业必须依靠网络公共关系发挥其独特的职能，树立企业和产品形象，提高企业或企业网站及产品的知名度，以增强对受众的吸引力。由此可见，在网络营销过程中，网络公共关系比网络广告具有更大更广更深层次的优势。

网络公共关系的目标与基本任务和传统公共关系并无太大的差异，但由于网络的开放性和互动性特征，使得网络公共关系又具有一些新的特点。

2. 网络公共关系主体的主动性

网络公共关系的主体可以是网络上的各种社会组织。网络所特有的互动性使企业在网络公共关系中的主动性得以凸显，网上企业几乎在公共关系活动的任何环节都可以拥有主动权。例如，利用新闻媒介开展公共关系活动，在传统公共关系活动中，企业公共关系组织与人员要撰写新闻稿件或想方设法引起新闻媒介记者的注意，有时甚至通过"制造新闻"来达到公共关系目的。可是企业的新闻能不能够在媒体上报道，取决于多方面的因素，如新闻稿件本身的内容是否具有价值、编辑、记者、总编是否感兴趣、媒体的版面或播出时段是否已排满、企业新闻与当前媒体报道主题是否相符、与新闻媒介的关系是否融洽等。许多因素是企业所不能左右的，不能做到按照企业公共关系活动计划随心所欲地、及时地传播信息。网络公共关系活动在利用新闻媒介方面的主动性得到加强，网上企业可以在网络上通过网络论坛、BBS、新闻组、电子邮件等直接面向目标受众及时发布新闻，不受篇幅、媒体空间与时间的限制，不需要通过新闻媒介的审批，打破了传统公共关系活动利用新闻媒介的局限性，使网络公共关系在影响目标受众的同时去影响新闻记者，有助于与新闻记者保持密切联系，建立良好的新闻媒介关系。

3. 网络公共关系客体的权威性

网络公共关系客体即网上公众，是指与网上企业有实际或潜在的利害关系或相互影响的个人或群体。网上企业的公众构成了企业赖以生存的两大类网络社区：一类是围绕网上企业由利益驱动形成的垂直网络社区，它包括投资者、供应商、分销商、顾客、雇员及目标市场中的其他成员等；另一类是围绕某一主题形成的横向网络社区，包括生产类似产品和提供相应服务的其他企业，以及同企业面临类似问题、分享相同价值观的个人、组织、社会团体、行业协会或联合会等。他们活动的主要场所是各类网络论坛、新闻组、邮件列表等。公众的权威性体现在公众虽然是公共关系的客体，是公共关系活动的对象，但公众不是消极的被影响、被作用的对象，公众的意见和行为是企业无形的财富，是关系企业生存和发展的决定性因素。在网络公共关系活动中，网上公众对网上企业的影响变得更直接、更迅速，因为传统公共关系活动的信息传播和反馈过程相对过长，公众从知晓到行动有一个时间差，企业公共关系人员可利用这个时间差调整、改进下一步的行动；而在网络上信息的传播与反馈速度快、范围广，有关企业的消息可以迅速传遍整个网络，引起公众的反应，导致企业公众环境的恶化；同样，公众的意见、态度、观点和行为也会迅速在网络上扩散，对企业产生重大影响，甚至会决定企业的成败。因此，网络公共关系人员必须充分认识到公众的权威性，事先控制信息传播的内容、方向、范围，监控公众的反应，及时采取有效措施化解对企业的不良影响。可见，寻找公众，确定公众，分析公众内在的联系及具体存在方式，才能增强公共关系活动的目的性、针对性。

4. 网络公共关系传播的效能性

网络作为公共关系的传播媒体，彻底改变了传统公共关系的信息传播方式。传统公共关系所采用的传播媒介，无论是报纸、杂志还是电视、广播，其传播方式都是大众传播，是"一对多"的沟通，企业与公众之间的双向沟通由于受到传播媒介的限制而使传播的效能大大降低。而网络上的传播方式是双向互动式的、"一对一"的沟通，这种个体沟通方式使受众可以在阅读信息的同时，与主持者或其他读者展开讨论，还可以对信息内容进行控制，使企业在传播信息时可以根据每个受众不同的需要、不同的反应程度，提供个人化的信息服务。显然，网络公共关系传播方式更具体、更深入，效能更明显。

5. 网络公共关系的传播

同网络广告一样，网络公共关系的传播时空大为扩展。从传播空间上来看，传统公共关系活动中所撰写的新闻稿件，受到版面、播放时间的制约，必须提纲挈领、简洁明了，许多重要的信息只好忍痛割爱，受众也很难从简短的新闻中获得完整的、感兴趣的信息。网络公共关系中没有这种限制，企业有足够的空间传播内容详尽的信息，并可通过与其他相关信息的超链接增加信息容量，实现企业与公众之间的即时互动。从传播时间上来看，传统公共关系传播媒介都有固定的播放和发行时间，如报纸和杂志是按日、双日、周、旬、半月、季等期限发行的，电视和广播虽然可以连续播映，但也有固定的栏目和时段分配；而在网络上可以全天 24 小时随时发布新闻，信息一有更新即可播出，不必为传统媒介的排期问题大伤脑筋。

（二）网络公共关系的建立与维护

与各类公众建立并维持良好的关系是企业公共关系活动的基本任务。网上企业拥有许多由各种利益或利害关系维系的公众，与这些公众之间关系的建立与维护是网络公共关系活动的重要任务。

1. 新闻媒介关系

网络上的企业与新闻记者和编辑们的关系会对企业网络公共关系的效果带来很大的限制和影响。企业和新闻媒介间存在着利益冲突，企业希望新闻报道能有助于达到其公共关系目标，而新闻记者和编辑们则希望新闻能够激起读者和听众的兴趣；公共关系人员掌握着第一手新闻，却时常试图影响新闻媒介报道经他们加工润色后的所谓"新闻"，而新闻记者和编辑们为将公众的观点表达出来或为追求轰动效应，所采取的严格的、不适当的审定，又反过来阻挠公共关系人员向公众传递有价值的信息。为了实现各自的目标，双方时而密切合作，时而发生冲突，因此，为了建立良好的新闻媒介关系，求得更多的公正的新闻报道，企业必须正视双方的利益和冲突，采取有目的的行动，取得新闻记者和编辑们的好感和信任。

要取得和保持与新闻媒介的良好关系，必须掌握如下几条原则：

（1）诚实是最好的策略

网络公共关系人员不要试图采用欺骗或隐瞒的手段，向新闻记者和编辑提供不真实的新闻。在网络上对信息真实性和及时性的核查非常方便。如果新闻记者和编辑发现你在为他们获取新闻制造障碍，必将招致他们的强烈反应，最终会损害企业的形象和利益。因此，在与新闻记者和编辑们交往时，应牢记真诚坦白的原则，坚信"诚实是最好的策略"，这也是做人的基本准则。只有这样，才会赢得他们的好感和信任。

（2）提供及时有效的信息服务

谋求与新闻记者和编辑们融洽合作最简洁、最有效的做法，是在他们需要的时候及时提供他们所需要的新闻报道和图像资料，成为他们可信赖的有效的信息来源。为此，网络公共关系人员应为新闻记者和编辑提供企业、产品、竞争者、行业等情况，及时回复他们的请求和提问，保证他们能与企业中掌握信息的人员顺利接触。由于新闻就像易腐烂的商品，公共关系人员应能及时将新闻传送给记者和编辑，切记提供新闻应服从时间的召唤。

（3）严禁要求新闻媒介取消某项新闻的发布

由于网络上的信息传播范围大、速度快，企业公共关系人员很难控制信息发布的时间和内容。在信息膨胀的网络上，严格鉴定有关企业的新闻，维护企业形象是企业公共关系人员一项艰巨的任务。对新闻的严格鉴定绝对不能根据企业自己的好恶而干涉新闻自由，即使某项新闻对企业不利，公共关系人员不能也无权要求新闻记者和编辑取消该项新闻的发布，这样做是让新闻记者和编辑背弃他们的责任，丧失公众的信任，无异于对他们的侮辱，只会给企业带来不良的后果。防止于己不利的新闻传播的最好方法是防止事件本身发生。只有在有充分而合法的理由的特殊情形下，才可以争取新闻媒介的合作，暂发或停发某项新闻。当然，要求更正不准确或错误的新闻是企业的基本权利，公共关系人员也要有效利用，以防止错误信息重复出现，以讹传讹，损害企业形象。

（4）充分利用电子邮件

新闻记者和编辑的工作性质决定了他们工作繁忙、行踪不定，用电话、传真、书信等联系受到许多限制，效果不佳。经常在网络上搜索新闻的记者和编辑们大都拥有私人电子邮件信箱，公共关系人员要善于利用电子邮件与他们建立关系。不管新闻记者和编辑有无时间、人在何处，你都可以将电子邮件发给他们，在他们检查自己的电子邮件信箱时，即可阅读到你所传送的信息，在电子邮件上企业还可得到明确的回复。利用电子邮件除了给新闻记者和编辑发送新闻稿、消息、背景材料或回答他们提出的请求和问题之外，还可以利用电子邮件与新闻记者和编辑进行交流和探讨双方共同感兴趣的一些观点和问题，并可以试着建立起友好的私人关系。

（5）积极参与新闻记者和编辑主持的网上交流

有的新闻媒介在网络上开设一些聊天室，并常邀请专栏记者和编辑们主持网上交流和网上会议。企业公共关系人员可以积极参加此类活动，并主动发言、提问，努力给主持者留下深刻印象，与他们建立起固定的关系。

（6）在新闻组、邮件列表中及时发现记者与编辑的要求

新闻记者和编辑为了征得有价值的信息源，有的会将他们的要求在新闻组、邮件列表上张贴。企业公共关系人员应经常检读与本企业有关的网上公共场所的信息，及时发现新闻记者和编辑的要求，根据他们的请求及时提供相应的信息，是一种与新闻媒介建立良好关系的有效方法。

（7）保持资料不断更新

新闻记者和编辑都希望传送给他们的信息是最新的，因此，公共关系人员必须不断更新网络上的资料，保证提供最新的消息。这样才能引起新闻媒介的注意，让新闻记者和编辑经常光顾企业的站点采编新闻。

2. 商业网络社区关系

社区的原意是指生活在同一个地区、有共同的历史与文化传统的一群人的组合。社区具有一定的目的和组织规则。网络社区是由于共同的兴趣和目的、互相交流而在网络上形成的互惠互利的一个群体。组成网络社区的各个成员的活动场所是网络，因此，网络社区打破了地域的限制，其构成更为复杂。一般而言，网络社区可分为两种：一种是以共同兴趣为纽带维系的，称为横向网络社区；另一种是以利益关系为纽带维系的，称为垂直型网络社区或商业网络社区。

商业网络社区是围绕网上企业的业务关系以及其站点的利益而形成的以企业站点为中心的网络社区。组成商业网络社区的成员通常包括企业站点、目标顾客、企业雇员、供应商、投资者、分销商、代理商及目标市场的其他成员等。商业网络社区是由利益驱动的，企业利益与社区利益息息相关，社区成员都非常关注社区活动对自身利益的影响，他们都依靠企业站点、网络论坛、电子邮件等获得信息。因此，商业网络社区关系的建立与维护，应从满足社区成员的不同利益要求出发，为他们提供有价值的信息，从而提高网上企业的知名度，创造良好的网络社区环境。

建立商业网络社区关系的公共关系策略有：

（1）通过网站直接发布企业新闻

虽然通过新闻媒介发布企业新闻具有公正性、权威性的特点，容易被受众所接受。但是新闻记者和编辑很少全文采用企业公共关系人员所提供的新闻稿件，他们要根据新闻的要求进行删改、评论、配发竞争者的内容等，对企业公共关系活动产生不利影响。网络为企业提供了不需要新闻媒介而直接面向受众发布新闻的机会，网上企业可以通过自己的网站或新闻服务商，直接面向网络社区发布自己的新闻稿，避免了信息传送过程中的失真。

（2）在网络社区成员经常光顾的网络论坛、电子公告板上张贴新闻

一些网络论坛上的新闻组和电子公告板允许企业在上面张贴新闻，这些场所也是网络社区成员经常光顾搜索所需信息的场所。在这类新闻组和电子公告板上张贴新闻，可以保留很长时间，不仅能巩固老顾客，还能为网上企业吸引来一些新顾客。

（3）创建面向网络社区成员的单向邮件列表

邮件列表是电子邮件信箱中的一种工具，它允许你将信息发送到列出的清单地址。创建网络社区重要成员的邮件列表，及时将企业的信息发送给他们，可以起到

巩固和提高企业与网络社区成员关系的作用。但一定要注意网络礼仪的要求，要得到邮件列表中所有成员的同意，才能向他们发送有关信息。

（4）鼓励企业各类专家在网络上发送专题文章

许多企业都有多方面的专家，如理财、心理学、技术等方面的专家，应鼓励他们在网络上提供一些他们所精通领域的专题文章，提出一些富有见地的建议或介绍一些产品使用的要领和诀窍等，以利于提高企业的知名度，树立良好的企业形象。这些有价值的专题文章可以允许读者免费采用，但条件是复制文章必须包括作者及其联系方法的信息或必须事先征得作者本人同意。这样可以将信息传播的范围扩大，提高企业的知名度。

（5）利用网络服务商提供的网络会议服务

网络服务商能为企业提供多种形式的网络会议服务，既有文本形式的，也有音频、视频形式的，还可以将信息放置在 FAQs 中以便顾客随时查阅。企业公共关系人员可利用这些功能组织举办一些网上新闻发布会、网上股东年会，或者在网络论坛举办的专题研讨班中担任客串主持，也是提高企业知名度、树立企业形象的有效方法。

（6）为网络社区成员提供多种形式的服务

通过帮助网络社区成员解决问题，提供网上娱乐活动等形式，加强与网络社区公众的联系，建立一种更密切的关系。

3. 电子邮件关系

电子邮件是网络上运用最广泛的信息传播工具。发送电子邮件速度快，不受时间、空间的限制，信息形式多样，且具有较强的私人性。因此，公共关系人员应重视和善于利用电子邮件建立与维护公共关系。

（1）使用电子邮件应注意相关的网络礼仪

电子邮件给网络公共关系的信息传播带来了极大的方便，企业及公众可以在任何时间、任何地点发送或接收电子邮件，改变了时间和空间对人们发送和获取信息的限制。但是无论是企业公共关系人员还是公众，谁都不希望自己的电子信箱里塞满了许多不需要的垃圾信息，那样势必会引起反感。因此，在使用电子邮件建立与维护公共关系时，必须遵循相关的网络礼仪，如不发未经请求的信息，简洁明了，语法和拼写正确，彬彬有礼，慎用大写，使用真名，富含信息，等·等。

（2）增加电子邮件的感情色彩

用电子邮件进行交流时，彼此看不到对方的面部表情，总有一种冷冰冰的感觉，降低信息交流的效果。为了增加电子邮件的吸引力，人们创造了一些"感情图标"，来模拟人的面部表情。

我们可以将这些感情图标加到电子邮件中适当的地方，表达当时的感情，增强电子邮件的感染力，增进双方感情的交流。

（3）保持电子邮件的个性

让接收信息的一方感受到你的电子邮件具有独特风格，是特意发给他的，才能使对方对你产生信任感和亲密感。切记不要同时给许多人发同一份电子邮件，特别是对新闻记者和编辑。

（4）提供简单文档

由于联网的计算机软硬件配置各不相同，有时某些计算机不能显示电子邮件中的一些复杂信息，如动画、声音等，因此，应将你所创建的文档保存为纯文本节件，以保证最低的配置都能正确显示电子邮件的内容。

（5）及时回复

有时顾客会通过电子邮件向企业提出建议、批评或索要信息，企业必须及时回复，否则会怠慢顾客。企业可以建立电子邮件自动应答系统，将预先设置好的信件或信息包裹发送给顾客，以提高顾客服务水平。

（6）创建自己的客户电子邮件列表

企业可以通过创建邮件列表单获得客户的电子邮件地址，形成自己的邮件列表。利用邮件列表实现企业和顾客之间、顾客与顾客之间的交流，建立起固定的顾客网络。企业通过邮件列表可向顾客发布新闻、分发营销材料、提供参考意见等，从而达到影响顾客的目的；并通过监控顾客的反馈和顾客之间的交流，及时了解顾客的意见和需求，主动调整营销组合，满足顾客不断变化的需求。需要注意的是，不要使用一些购买来的电子邮件地址进行信息传播，这些电子邮件地址大多是从网络上拼凑起来的，使用这样的电子邮件列表有时会给企业造成无法估量的后果。

4. 公共论坛关系

网络上有众多的网络论坛、新闻组和电子公告板，他们是网络上的公共场所，在这些公共场所聚集着有共同主题的人们，他们在这里就共同感兴趣的问题用电子邮件进行讨论和交流。利用公共论坛，企业可以找到合适的细分目标市场；能发现新顾客，留住老顾客；进行市场研究，发现市场热点；监控信息，实现危机预防与控制；与论坛成员建立关系；等等。这些公共论坛的存在，拓宽了网络公共关系的范围。

公共论坛关系就是企业与公共论坛上的讨论者之间的关系。由于公共论坛成员之间是平等的，没有、年龄、贫富、地位的差别，每一个人都敢于自由地发表自己的真实感受，每一个人提交的信息都会受到公共论坛其他成员的关注。因此，对企业有利的言论可以在网络上迅速传播，为企业带来美誉。同样，对企业不利的言论和信息也会以同样的方式迅速传播，影响企业的声誉。可见，公共论坛关系也是网络公共关系的一个重要组成部分。

公共论坛公共关系策略：

（1）熟悉公共论坛的讨论环境

当企业公共关系人员想参加某个讨论组时，熟悉讨论环境是必需的。如果不熟悉该讨论组的环境而贸然闯入急于发表自己的看法，有可能会由于冒犯别人而遭到驱逐。为此，建议企业公共关系人员在进入某个讨论组之前，先要详细阅读该论坛提供的基本信息，如背景材料、章程、禁则等，对讨论环境有了一定的了解，然后再加入讨论。

（2）遵守公共论坛的行为规范

公共论坛之所以具有强大的生命力，吸引着许多人聚集在一起共同讨论，是因为加入论坛的成员都自觉遵守这些公共场所自诞生以来所形成的约定俗成的行为规范。掌握这些行为规范，尤其是对网络公共关系有着至关重要的作用。

第四节　体验营销

随着科学技术的发展与人类文明的进步，人们的生活水平正在逐渐提高，通过互联网进行消费已经成为当今社会广大居民的消费方式之一，然而体验营销随着互联网金融的快速发展，也逐渐融入人们日常的消费方式中去，成为一种全新的营销理念，这给广大企业提供了发展的机会，拉近了与消费者之间的距离，是一种值得广泛推广的营销方式。

一、体验营销的内涵及特征

（一）体验营销的内涵

对于体验营销，广大学者从不同的角度对其进行了定义。现如今，我们所说的体验营销是指广大企业通过让消费者试用、观摩、亲身体验的方式，让顾客对企业的产品有最直观的感受，从而达到企业营销产品的目的。从消费者的角度来说，对产品有一个提前的体验能够帮助他们更加了解自身的需求，这样的心理需求给企业的营销提供了宝贵的机会，正是这种体验让企业对消费者的服务能够切实围绕着消费者本身，从而创造出更多价值。因此，我们可以说体验营销不仅是一种思考方式，同时，也是一种营销方式和管理方式，它不仅从消费者自身的感观方面对营销策略进行了全新的设计，更加利用了消费者的心理需求，将顾客的体验与产品和服务直接联系，以达到双方共赢的局面，在此基础上，企业才能够获取更高的利润。

（二）体验营销的特征

传统营销方式往往是通过广告宣传、人员推销等硬性的渠道向消费者传递产品的信息。体验营销在传统营销的基础上增加了体验的过程，改变了以往消费者对产品营销的看法。在消费者与产品产生互动之后，他们就既是体验者，也是体验接收者。在经济全球化的今天，消费者对于产品的精神需求往往大过物质需求，体验营销正是抓住了这一点，才在企业发展中得到广泛应用。体验营销主要有以下几个特点：

首先，体验营销具有参与性。体验营销的实质，就是让消费者在营销活动中扮演着至关重要的角色，随着消费者在产品和服务营销过程中地位的改变，他们直接参与产品营销过程中的欲望也会更加强烈。其次，体验营销具有互动性的特点，体验营销过程中消费者通过与企业之间的沟通能够形成特殊的默契。他们提供的建议能够帮助企业优化产品与服务，从而形成了良好的合作关系。最后，体验营销有个性化的特点。与以往传统的营销方式不同，体验营销能够吸收更多消费者的意见和建议。企业通过观察消费者对产品和服务的感受。能够对产品进行进一步的加工，并且获得一些全新的设计理念。

二、体验营销的实施策略

（一）产品体验策略

体验营销是一种开放的营销方式，它主要是通过给予消费者真实的体验，以达到营销的目的，因此，在体验营销的过程中，企业所推广的产品是一切的主体，要想让顾客在产品体验的过程中获得愉悦的心情，就必须对产品提出更高的要求。因此，设计者在设计产品的过程中，就应当充分考虑到消费者的诉求，在保证产品功能齐全的同时，还应当向客户传递产品的内涵。如果是注重设计的实物产品，则应当在产品的包装和质量上下功夫，充分保证消费者在体验营销的过程中能够感受到产品的独特魅力。除此之外，附加产品还应当提高产品附加服务的质量，做好安装售后等必要的服务。

（二）沟通策略

体验营销另一个比较重要的方面就是沟通策略。顾客除了在与商品近距离的接触之外，也会与营销人员产生沟通交流。在与消费者的沟通过程中，如果能够及时发觉消费者潜在的心理需求，并且了解到他们在体验过程中满意和不满意的地方。及时将这些意见与建议纳入到产品的设计过程中，才能够使产品具有更加丰富的潜在价值，沟通贯穿于整个体验营销的过程中。也是消费者与产品之间建立关系的主要途径。营销人员如果能在第一时间内了解到消费者对于产品的态度，就能够在满足消费者需求的同时，也对自身的产品做出改进，久而久之，能够吸引更多的消费者参与到体验营销中，直接提高了产品体验营销的效率。

（三）价格策略

体验营销所提供给顾客的产品是以消费者为核心的，其所消耗的成本并不仅仅局限于企业在设计开发产品时所付出的成本。从心理学的角度来说，产品对于不同的消费者有着不同的重要程度，消费者在进行体验的过程中就会对产品产生估价。这种价格就是引导消费者购买产品的价格，企业在掌握了消费者的心理活动之后对产品的报价会对消费者的购买起到很大的影响，因此，企业在给产品做出定价之前，应当调查市场同一类型产品的价格，并且综合考虑到体验营销的服务价格，针对产品所适用的消费者群体，合理地做出定价。价格制定之后，企业也应当根据市场的变化对产品的价格做出灵活的调整，使之保持在既能使消费者满意又能使自身盈利的高度。

（四）氛围策略

消费者在对产品的体验过程中，他们的心理状况与产品体验的环境有着密切的关联，一个良好的体验环境能够使消费者在体验营销的过程中，感到舒适愉快，并且能够提高他们参与的积极性。不仅如此一个良好的氛围能够加强信息的传播，帮助消费者更好地理解产品的内在价值。企业在设计产品体验的场景时，应当尽量保持消费氛围的自由，精心设置体验场景，并且要传递真实可靠的信息。过于浮夸的体验场景会使消费者感觉眼花缭乱，从而降低他们对于产品的兴趣，一些过于华丽的装饰也有可能吸引消费者的注意力，而减少他们对产品的关注。企业在向消费者传递信息的过程中，应当积极组织消费者参与到产品的体验中去，不仅需要将体验的过程创新化，更需要通过一些新颖的方式活跃气氛，给消费者提供一次难忘的体验。在这样愉快的消费环境中，才能够激发消费者对产品的购买欲望，并且挖掘出他们的潜在心理诉求，以帮助企业更好地改进产品、推广产品。

（五）体验促销策略

体验促销策略是指企业在推销产品时通过发布广告，以及在销售过程中融入了体验的元素，向客户传递了产品的信息，以达到两者之间产生共鸣引发消费者对产品的认同，继而产生购买行为。体验促销的前提是需要确定一个主题，围绕着这种主题，从各个方面刺激着消费者的感官，来增强消费者对产品的认同，以达到体验营销的目的，例如我们所熟知的一些广告，他们通过营造美妙的意境或者通过短篇故事向消费者传递亲情、友情等情感因素，使消费者与之产生感情上的共鸣，即使这种情感本身与产品并没有很大的关联，消费者也会因为感官受到了刺激，被吸引注意力从而产生购买行为。

三、体验营销实施具体操作

（一）注重产品的心理属性

企业的体验营销必须以消费者为中心，关注产品的心理属性，以提高产品和服务对消费者的整体价值。企业对于产品的设计往往具有针对性，因此，产品在处于某个特定的环境和情形中，会给消费者带来更多的附加价值，不同的环境也会给消费者的内心带来不同的感受，在当今社会，企业要想让产品的营销获得成功，就应当加强对消费者心理的重视程度，尽量满足他们内心的诉求，从而使产品与消费者之间产生共鸣。只要企业能够充分了解消费者的心理诉求，并且在产品的设置上尽量与其保持一致的心理属性，就能够在帮助消费者获取某种独特体验的同时，也给自身的产品带来更高的价值。

（二）制定准确的体验主题

体验营销应当明确把握产品在市场上的定位，以及适用于的消费者群体，在实施体验营销之前应当准确地制定一个主题，让顾客感受到企业的诚意以及企业所要展示产品的实际价值，只有主题明确且简洁，才能让消费者更加准确地把握产品可挖掘的潜在价值。在企业获取了消费者的体验反馈之后，就能够为产品的进一步创新，提供更多新鲜的元素。设计师在采纳了这些元素之后，才能够更加准确的获取消费者的心理需求，在此基础上，才能够完善产品的心理属性，并且使产品更具有个性化的特点，从而在激烈竞争的市场上建立一种更具特色的竞争优势。

（三）增加体验附加值

随着社会的进步，人们的生活形态也在不断发生改变，外界环境的刺激使得当前的产品销售途径十分广泛，营销的策略也就随之而逐渐增多。如何让消费者与某一个品牌产生文化层面的关联是增加品牌产品附加值的关键。目前，很多企业的管理过程中，都广泛应用体验营销的方式，然而如何在千篇一律的模式下推广出自身新的体验才是企业应当不断关注的问题。故而企业在营造良好体验的同时，也应当使消费者内在的精神价值与企业产品的文化产生关联，久而久之，建立某个群体对于产品的偏好，只有这样，才能保证企业在瞬息万变的市场环境中不断获取创新与发展的机会。

（四）积极推广虚拟体验营销

随着互联网的发展，电子商务在人们的日常生活中扮演着极其重要的角色。电子商务充分利用了信息化技术和网络技术，以网店等方式，大力推进互联网金融的发展。网络上的虚拟购物是一个便捷的购物方式，它能够给顾客带来更多独特的感受，同时，电子商务的发展已经是不可避免的趋势，因此，企业在推广体验营销的同时，也应当大力推广网络虚拟体验，通过便捷的网络环境发布产品的信息，以达到吸引顾客、树立品牌威信目的。

体验营销作为一种新型的营销方式对企业的发展起到了至关重要的作用，随着我国社会主义市场经济的发展以及人类文明的进步，企业要想在国际市场上牢牢站稳脚跟，就需要不断改进产品服务的营销方式。体验营销在实行过程中，应当充分结合消费者的实际状况，围绕着消费者内心的诉求，不断对产品做出创新，才能够使产品不断保有核心竞争力。

第五节　服务营销

由于信息技术与互联网技术的应用，服务营销管理模式发生了巨大的变化。本节以服务营销管理金字塔模型为依据，从理论和实践方面阐述了新技术引发的服务企业外部营销、互动营销和内部营销管理的新变化，并描述了各种服务营销管理新模式的特点及其应用现状。

由于服务的无形性和参与性，服务营销管理比商品营销管理涉及的面更宽，管理的难度也更大。除了和商品营销一样需要进行外部营销管理之外，服务营销还要涉及内部营销管理和互动营销管理。美国菲利普·科特勒提出了著名的服务营销管理三角模型，即服务营销管理是企业与顾客之间的外部营销管理、雇员与顾客之间的互动营销管理和企业与雇员之间的内部营销管理的有机统一体。

20世纪90年代以来，由于信息技术和网络技术在服务营销管理领域的应用，美国迈阿密商业管理大学的著名营销学教授帕若索若曼，对菲利普·科特勒的服务营销管理三角模型进行了拓展，提出了服务营销管理的金字塔模型。该模型在原有的公司、雇员和顾客三因素的基础上，加入了第四个因素"技术"，使服务营销管理由原来的企业、顾客和雇员之间的关系演化成为企业—技术—顾客、公司—技术—雇员与雇员—技术—顾客之间的动态关系，使技术成为服务企业外部营销管理、互动营销管理和内部营销管理必须考虑的因素。

帕若索若曼提出服务营销管理金字塔模型以来，技术对服务营销管理的影响越来越大。为了及时反应技术引发的服务营销管理的新变化，本节以该金字塔模型为研究线索，全面总结了服务企业外部营销、互动营销和内部营销管理的创新成果。

一、基于新技术的外部营销管理创新

服务企业外部营销管理的主要目标在于不断地提升企业外部形象与声誉，顺利地实现与顾客的有效沟通以及大力地促进企业销售目标的实现。目前，基于信息技术和网络技术发展起来的"精准营销"和"博客营销"新模式，对服务企业外部营销管理上述目标的实现有着极大的推进作用。

（一）精准营销

精准营销是企业通过信息和网络技术来捕捉、分析和挖掘各种顾客数据，并由此提炼出有关企业营销管理的战略见解，并使用这些战略见解让外部营销管理更富效率和更有利可图。精准营销管理的最终目的，是把正确的产品或服务在正确的时间通过正确的渠道传递到正确的顾客手中。企业外部营销管理由刚开始的大规模营销发展到目标市场营销，直到当今基于信息和网络技术的精准营销，其营销管理的针对性不断得到提高。正是由于精准营销极强的针对性即通过精确信息为顾客提供定制化的产品或服务，使企业的经营活动做到了有的放矢。

服务企业向顾客提供的服务和制造企业向顾客提供的产品有所不同，服务质量的好坏与顾客本身密切相关。和产品的制造不同，很多服务的生产和传递需要顾客的直接参与。不同性别、不同年龄、不同文化和不同教育水平的顾客参与的意愿与参与的能力各不相同，服务企业要依据不同顾客类型决定顾客参与服务的程度，从而保证服务生产和传递的质量。另外，服务质量的好坏不像制造企业生产的产品一样有着客观和可测量的标准，服务质量的高低更取决于顾客本人对服务过程的感知，不同类型的顾客对同一服务的评价往往会因为感知的差异而不同。因此，准确地把握和分析顾客的个人信息，实施精准营销对提升服务企业外部营销管理水平非常重要。

丽思·卡尔顿饭店是利用顾客数据实施精准营销管理的典范。该饭店搜集并保存了超过25万个常客的扩展型数据。每一个顾客数据文件中包括这个顾客的特定偏好，而且当饭店中任何一个员工发现这个顾客新的偏好甚至怪癖之后，都会随时在电脑上对这位顾客的偏好数据进行及时更新。丽思·卡尔顿饭店的这一数据系统使其员工可以通过准确预测顾客需求提供顾客意想不到的世界级服务。甚至一些极其微小的细节，比如，叫出顾客的姓名、判定顾客喜好的房间朝向、提供顾客偏好的报纸、定制符合顾客口味的早餐等。

（二）博客营销

博客营销是通过"博客"平台而实施的一种网络营销技术。近年来，一些企业把"博客"作为同顾客交流和介绍企业产品或服务特点的主要平台。和传统营销沟通方式相比，"博客营销"对提升企业和顾客的沟通效率，推广企业产品或服务起到了很大促进作用。进行营销沟通的"企业博客"与"个人博客"有些差别。个人博客的写作内容和写作风格较为随意，而企业博客是以企业相关事务为中心，以企业的产品与服务以及企业的形象为半径来画圆。"博客营销"目标主要是通过沟通来提升企业形象，介绍产品或服务，进而促进产品或服务的销售。

服务和产品之间最基本的，也是最常提到的区别就是服务的无形性。由于服务是一种行动、过程或者是一种表现，而不是一种有形的实物，我们很难像感觉有形产品那样看到或触摸到。正是由于服务的这种无形性，使得服务企业很难像制造企业一样采用广告对产品的款式、色彩等特征进行全方位的展示。服务企业对服务的展示更依赖于企业及其雇员同顾客之间的双向沟通（广告是一种单向的信息沟通方式）以及顾客与顾客之间的口碑传播。而网络博客正是具有这种双向沟通性质的工具，它为服务企业进行外部沟通管理提供了一个高效的技术平台。

微软公司是最早实施"博客营销"的公司之一。2005年，在微软总部举行的年度CEO峰会上，比尔·盖茨说："博客正脱离电子邮件和网站的缺点，有望成为未来新的商务交流工具。通过博客平台，有关某种商品或者服务的评价能以比传统方式更快的速度传播。"2007年，微软公布了一项鼓励其雇员参与"企业博客"写作的政策。通过这一平台，微软的管理者可以用他们自己的语言表达他们的观点，不经过任何人的过滤，并且直接听取对微软有热情的和对微软所做的事情有兴趣的人的意见反馈。他们不反对公正的批评，非常认真地对待这些批评，并从这些批评中学到了很多东西。

二、基于新技术的互动营销管理创新

服务企业互动营销的主要目标在于提升雇员与顾客的互动效率，降低企业和顾客的互动成本，从而提升顾客感知的服务质量。近年来，基于信息技术和网络技术的自助式服务和遥控服务系统，对服务企业的互动营销管理起着巨大的促进作用。

（一）自助式服务

自助式服务是一种顾客不依赖于企业雇员，而自行直接进行服务产出的技术平台。在当今许多服务行业，自助式服务技术正在替代许多面对面的人工服务，其目的在于节省企业人工成本，使服务的提供更稳定、更便利和更快捷。现实生活中，自助式服务技术已广泛应用于服务行业的各个领域，银行自动存储机、网上银行、自助式加油、自助式餐饮、饮料和小食品自动售货机、邮递公司邮件查询系统等。一般来说，顾客对自助式服务技术的接受的程度通常与顾客对该服务价值的感知，该服务的易操作性、可靠性和娱乐性密切相关。

服务企业和大多数制造型企业不同，制造型企业的产品是通过机器设备进行流水线生产，而绝大多数服务企业的服务提供则是由人来完成。服务企业的这一特点会带来以下几个问题：一是随着劳动力价格越来越高，服务企业的运营成本也会越来越高；二是人所能承受的劳动强度是有限的，人员作业速度有限性会引发顾客等待时间的延长；三是人员素质的差异性会导致服务的质量因人而异；四是人通常受到情绪和情感的影响，这种影响也会造成服务质量的不稳定性。自助式服务技术在服务行业的广泛应用，可以让企业在一定程度摆脱对人的依赖性，从而提高服务质量的稳定性，降低服务的运营成本和减少顾客的等待时间。

（二）遥控服务系统

遥控服务系统是服务提供者远程监控、进入和维护顾客正在使用的设备或设施。它是服务提供者及时发现设备存在的潜在问题，并提供实时养护的一种安全和可视的服务路径。该种服务典型的应用在对停机无法容忍的医院，高层建筑的电梯和 IT 数据中心。遥控服务相对于自助式服务而言，它不仅对技术的要求更高，而且遥控服务是在服务传递过程中服务提供者的主动介入。企业通过遥控服务，手把手地进行诊断和解决，从而大大提高服务效率，获得更好的客户满意度，同时，降低企业服务成本。

人们对服务营销管理的研究，最早主要是对提升类似银行和医疗等服务业竞争力的需要。然而目前像高端技术装备，计算机和软件等制造业也认识到进行全球竞争需要提供优质的服务。由于科学技术的飞速发展以及日益激烈的全球市场竞争，企业很难仅仅通过有形的产品来获得战略性的竞争优势。在许多制造业中，提供优质服务已不仅是一个可有可无的工作。制造业传统的人员现场服务方式由于受到时间和空间的约束，其服务的及时性和空间范围受到极大地限制。企业遥控服务技术的发展，可以使其服务突破时空限制做到随时随地地提供。

三、基于新技术的内部营销管理创新

服务企业内部营销的主要目标在于提升雇员的生产力，即在单位时间内企业雇员的接待顾客的数量与质量。近年来，基于信息和网络技术的远程培训系统和顾客评价系统，对提升员工生产力有着巨大的推动作用。

（一）远程培训系统

远程培训系统是指在信息源与学习者被时间或空间分开时，企业创造和提供的一种员工学习和培训的方式。通常情况下，压缩视频、卫星电视、因特网等技术都可成为远程培训的媒体。和现场集中培训方式相比，企业远程培训可以扩大员工培训的范围，使那些距离较远的员工也有机会受到高层次的培训。同时，企业远程培训还可以在不增加太多基础设施的前提下，把知识技能变成一种可重复的、持久性的学习工具。最主要的是远程培训系统具有很强的灵活性，它可以在任何时间任何地点开展员工的培训工作。

由于服务需要人来提供，服务企业提升生产力的主要手段是提升员工的能力，即员工操作能力和员工人际能力。高技能的员工在同样的时间内会接待更多的顾客，接待的质量会更高。对于服务企业管理者来说，提高员工能力的有效途径就是"培训、培训、再培训"。然而，由于服务业本身的特殊性，它不能像制造业一样进行集中化的生产，服务业的规模扩张是通过地理范围上高度分散的连锁经营实现的。服务业的这种特性决定了其员工在地理范围上也是极其分散的。员工在地理范围上的分散化使服务企业的现场集中化培训成本高昂。基于信息技术和网络技术发展起来的远程培训将成为服务企业员工培训的主导方式。

（二）顾客互动评价系统

顾客互动评价系统是服务企业为及时搜集和监控服务质量而构建的一种信息反馈平台。在这一技术平台上，企业允许顾客对为其服务的员工服务质量进行现场评级。顾客互动评价系统的主要目的，是为管理者通过顾客评价来及时监测服务质量和顾客满意水平，为管理者及时真实地评价员工的工作业绩提供翔实可靠的数据。另外，这一技术系统还为顾客向企业提供服务质量改进的建议提供了一个窗口。目前，顾客互动评价系统广泛应用于银行，饭店、航空公司和高等学校等服务机构。

服务企业员工的生产力不仅取决于员工的能力，而且还取决于员工的能动性。员工能力培训解决的是员工"能干"这项服务工作，员工的能动性则是把员工的能力驱动起来，使其内心真正"想干"这项服务工作。员工的能力如果没被驱动起来，这种"能"只是一种潜能。只有在"能干而又想干"的条件下，员工的潜能才能够显性化。员工潜能显性化需要一套公正合理而有效的员工业绩评价机制来驱动。在市场经济条件下，最为公正合理而有效的员工业绩评价机制应该是来自顾客的评价，即顾客感知的员工服务质量的高低。因此，运用现代信息技术构建的员工服务质量顾客评价系统，成为服务企业提升生产力重要途径。

传统方式下前台员工的业绩主要由上级主管来评价。上级主管作为评价者，评价固然简便直接，但是在许多情况下却不一定公正和客观。为确保了评定过程与结果的公正与客观性，有效避免了主观性所带来的不公平现象，保证前台员工的利益。

<h1 style="text-align:center">第六节　全球营销</h1>

随着经济全球化的发展，企业营销出现以顾客为关注焦点、精细的 STP 策划、综合营销成本分析、整合营销传播、建立伙伴关系、最大限度地运用网络等趋势。企业要想适应经济全球化时代的营销趋势，在经济全球化过程中抓住机遇、寻求发展，企业营销管理需要实现多方面的转变。

一、经济全球化的主要特征

经济全球化是指世界经济活动超越国界，通过对外贸易、资本流动、技术转移、提供服务、相互依存、相互联系而形成的全球范围的有机经济整体。国际货币基金组织概括为："跨国商品和服务交易及国际资本流动规模和形式的增加，以及技术的广泛迅速传播使世界各国经济的相互依赖性增强。"经济全球化的过程早已开始，特别是进入 20 世纪 90 年代，世界经济全球化的进程大大加快了。其主要特征有：

（一）经济贸易自由化

经济贸易自由化是经济全球化的重要表现形式。随着全球贸易的加速发展，经济全球化促进了世界多边贸易体制的形成，促进了全球贸易自由化的发展，也使得加入 WTO 组织以及区域自由贸易组织的成员，以统一的国际准则来规范自己的行为。不同国家和地区的贸易活动冲破国与国的界限，使世界经济贸易逐渐形成一个整体。

（二）市场体系国际化

经济全球化实际上是全球范围的市场经济，各国的市场越来越不受地理疆界的限制，纯粹意义上的国内市场基本不复存在，企业的资源供给和目标市场都在全球范围内考虑，企业的国内竞争也成为全球竞争的一部分。同时，世界生产要素市场逐步建立，构成了完整的、发达的世界市场体系，人才流、物流、信息流、资本流和知识流在世界范围的流动日益广泛。

（三）市场营销全球化

产品、服务营销所涉及的地域范围不断向世界范围扩展，人们可以轻而易举地从身边的商店买到来自世界各地的产品，极大地丰富和方便了人们的日常生活。企业的营销战略以及产品策略、价格策略、渠道策略、促销策略等都需要在全球范围内调整、整合和优化。

（四）科技信息网络化

高科技和信息网络化既是经济全球化的必然产物和重要特征，也为经济全球化的发展提供了支持和动力，同时，为企业营销活动的全球化提供了支撑。

二、经济全球化时代企业营销的主要趋势

随着经济全球化的不断推进，作为经济贸易活动关键主体企业的营销理念与行为也出现变革，主要表现为以下趋势：

第一，以顾客为关注焦点。企业以顾客为中心开展营销活动，从分析顾客需求、提供产品和服务、实施价值传递到推进客户关系管理，与顾客建立长期的、有利益的顾客关系，着眼于通过管理顾客生命价值而获利，希望长时期获得顾客的生意。重视顾客份额，通过向它们的现有顾客提供更多的商品变化来建立顾客份额，在交叉销售和向上延伸方面训练雇员。

第二，精细的 STP 策划。企业清楚，每家公司不可能满足所有顾客的需要，必须进行有效的市场细分、合理选择目标市场、进行准确的市场定位并实施高效的定位传播，从向每个人营销转向为最清楚确定的目标市场提供最好服务的公司努力。

第三，综合营销成本分析。以全球化的视野测算和规划综合营销成本，制定营销战略和产品、价格、渠道、促销、服务等营销策略，在全球范围内考虑资源配置，以最经济的方式实施价值传递。

第四，整合营销传播。从大量依赖于一种沟通工具，如广告或销售队伍，转向在每一个品牌接触中，组合几种工具向顾客传递一致的企业及品牌形象。

第五，建立伙伴关系。企业注重与更多的包括政府、公众、中介机构、社区在

内的利益相关方建立良好关系，把供应商、中间商等营销渠道成员看成合作人一样共同向最终顾客传递价值，并共同分享成果。

第六，最大限度地运用网络。在经济全球化时代的今天，企业营销管理的各个方面、各个环节充分地运用网络，从市场调研、需求分析、产品推介、渠道运作、广告宣传直到售后服务，几乎所有的营销活动都可以借助网络来提高效率、扩大辐射区域。

三、经济全球化时代企业营销管理转型的表现

经济全球化是不以人们意志为转移的客观趋势。对企业而言，经济全球化已不是一种选择问题，而是一种现实问题。面对经济全球化的挑战与机遇，企业需要跟踪企业营销的主要趋势，大力推进企业营销管理转型。主要表现在以下方面：

（一）在营销哲学方面，从传统营销观念向现代营销观念转变

大多数企业在营销哲学方面，还不适应经济全球化快速发展的要求。有些企业认为，顾客关心的主要是产品价格低廉和可以随处购得等；有些认为，消费者总是欢迎质量最优、性能最好的产品；还有一些企业认为，消费者通常有购买迟钝或抗拒购买的表现，消费者不会主动购买本企业的产品，需要大力度推销和促销。这些观念在企业发展的特殊时期起到过促进作用，但面对经济全球化时代企业营销的主要趋势，已经力不从心。企业必须以顾客为关注焦点，树立市场营销观念，即从以产品为中心"制造和销售"，转向以顾客为中心的"感觉和响应"，从为产品找到合适的顾客转变成为顾客设计适合的产品，从以自我为中心转变为以买方需要为中心。同时，企业要努力树立社会营销观念，在满足消费者个别的、眼前的需要的同时，符合消费者总体和整个社会的长远利益，履行好社会责任，协调处理好消费者欲望、企业利润和社会整体利益之间的矛盾。

（二）在营销组织设置方面，从以产品或区域为单位的组织转变为以客户群为单位的组织

传统的营销组织一般以产品或区域为单位设置，比如，对应于企业销售的不同产品类别设置若干个产品营销部，或者按照目标市场的区域设置若干部门。在经济

全球化时代，即使是大型跨国企业这样做也属于经济上不合理、技术上不可行。企业必须借助于现代网络技术，充分运用互联网的便利快速和低成本优势，从分析归类公司顾客需求入手，把有同样需求的、分布于全球各地的顾客划分为顾客群，设置迎合不同顾客群需求的若干营销团队或营销员，并以此服务和满足具有同类需求的顾客群体。

（三）在营销人员方面，从少数人员营销转变为全员营销

面对激烈竞争的全球市场，企业一般从事的是一类或少数几类产品服务的营销，具有产品专业化的特点和趋势，因此，不可能聘用非常多营销人员从事各种营销事务。事实上，在现代营销时代，企业的每个部门都围绕着顾客需要开展工作，营销职能已经成为企业各项工作的核心。适应这个趋势，企业必须从少数人员营销转变为全员营销，即每位员工都代表公司和产品形象，每位员工都为营销中心服务，每位员工都为顾客需要的满足和顾客满意增光添彩。同时，企业需要与所有利益相关方特别是包括中间商在内的渠道成员建立商业合作伙伴关系，创造"双赢"和"多赢"的机会，拓展全员营销的范围。

（四）在营销利益关注方面，从关注即时性营销转变为关注全过程营销

企业需要关注每笔交易的获利，在经济全球化时代，这仅仅是一种合理的短视行为，更为重要的是需要关注每个顾客的终身价值，管理好顾客生命价值，提高顾客满意度，培育和发展高价值的忠诚顾客，通过设计高价值的产品和服务，以期在顾客的终身消费中获利，努力实现从获取短期利益向实现长期利益转变。

（五）在目标市场营销策略方面，从大众营销转变为差异化营销

企业从创业到初步发展，一般专注于产品专业化的大众化营销的目标市场营销策略，即乐于为所有的购买者进行大量生产、大量分配和大量促销单一或少数产品。然而，在经济全球化时代，精细的STP策略促使市场不断细分形成小群体并表现出特定的需求偏好。同时，技术的发展也使顾客的购买方式呈现出多样化：有的喜欢在大商场、专卖店和超市，有的偏爱通过邮购目录方式、家庭网上购买、互联网虚拟商店。而竞争同行也通过越来越多的渠道对顾客进行信息传播：广播和有线电视、无线电、电脑有线网络、互联网、电话营销、专业杂志和其他印刷媒体等。

这样大众营销的方式会越来越显得无所适从。这就需要企业发挥自身特点和优势，采取灵活的目标市场营销策略。可以有别于大型企业，采取拾遗补阙营销策略，把细分市场再细分，选择那些需求没有得到满足的小市场作为自己的目标市场，形成专业化营销。可以采取个别营销策略，或定制营销，向顾客提供选择板，让顾客从菜单中选择属性、成分、价格和支付方式等来设计自己的产品。可以采取差异化营销策略，通过增加一系列有意义、有价值的差异，体现在产品差异化、服务差异化、人员差异化、渠道差异化、形象差异化等多个方面，并通过富有成效的定位传播，将企业的产品与竞争者的产品区分开来，逐步建立起自己的品牌形象和价值。

（六）在品牌形象提升方面，从通过广告建立品牌转变为通过业绩建立品牌

广告、赞助，甚至管理、公共关系和善意捐赠在内的一系列传统工具都有助于创建品牌。企业如果过分依赖于这些工具，专业化的产品和服务业务面对区域广阔的全球市场，形成有限业务基础上的巨大营销费用，结果如同大海捞针，得不偿失。固然，广告促销对品牌提升有一定的促进作用，但品牌最终还是通过消费者的购买体验和人们的口头传播建立起来的。企业通过提升业绩，并通过建立网上论坛、目标顾客聊天室等平台，让消费者在体验中口头传播、相互交流，起到的效果往往事半功倍。

（七）在渠道和促销方面，从实体转变为网络

网络能够在更远的距离运作大量的新信息和销售，已经将世界变成了一个地球村。企业建立自己的特色网站，列出产品、服务等高价值的信息，网站既是信息渠道，又是销售渠道，购买者可以一周7天、全天24小时，从住宅或办公室订购物品，互联网在企业间、合作伙伴间，以及顾客间提供了更精确、更快速的方式来发送和接收信息、订单、交易和付款事宜。企业可以给那些有要求的顾客或允许企业发送广告的顾客传递广告、赠券、样品和信息。企业还可以尽量将自己的商品和服务个性化，以满足差异化的顾客需要。企业通过网站浏览者的人数和频率，并与其他营销信息一道进行分析，以便更好地定制信息，制定企业有针对性的渠道和促销策划，提供商品和服务。

（八）在服务方面，从售后服务转变为全过程服务

企业在经济全球化过程中，适应营销发展趋势、寻求生存发展，还需要转变传统的习惯于售后服务的观念与行为，借助于网络平台，为顾客提供全过程的服务，主要包括售前服务、售中服务和售后服务。在售前服务方面，企业要以客户的需要为根本，提供准确、合理、可靠的产品推荐意见和建议，并按要求设计并提供最适合客户实际需求的方案和产品。在售中服务方面，以专业化的服务团队全天候关心客户，提供免费技术指导培训，有特别需要地提供现场指导培训。在售后服务方面，主动跟踪客户，关注客户使用状况，及时排忧解难，处理好可能出现的抱怨甚至投诉，真正地让客户满意，并不断地培养出自己的忠诚顾客。

第七节 整合营销

在激烈的市场竞争环境中，企业要想实现更长远的发展需要在以往的基础上细化管理，增强企业的市场参与度和对资源的可控度。销售渠道是企业发展的重要资源，其具备的不稳定性和自主性对企业经营管理效率提升产生的威胁日益凸显出来，在这样的情况下，怎样重新整合销售渠道成为企业需要关注的话题，越来越受到企业的关注，对企业营销策略的实施起着十分重要的关键作用。为此，本节结合企业发展的实际情况，就营销渠道的整合和企业管理优化策略进行探究。

一、营销渠道整合概述

渠道的内涵是促使产品和服务顺利被利用或者消费的一套彼此依存的组织。渠道发展的趋势体现出两个特点，一个是通过渠道的运作来增强产品的附加值，另外一个是通过降低渠道的操作成本来改变产品、服务销售情况。营销渠道是指某种货物或者劳务从生产者向消费者移动过程中取得这种货物或者劳务所有权、转移所有权的所有企业或者个人，营销渠道是商品和服务从生产者转向消费者的一种过程和体现。当前，在企业营销管理中普遍集中在对营销渠道模式、体系和管理的关注，忽视了对营销渠道整合问题的关注。

传统的市场营销渠道整合模式是厂家—总经销商—二级批发商—三级批发商—

零售店—消费者。但是从实际应用情况来看，在产品能够实现高利润、价格体系不公开、市场缺少规则的情况下，网络销售环境中存在的灰色地带会使得经销商实现超常规发展，不利于市场的公平竞争。

当前，营销渠道的整合体现出以下几个方面的发展特点：第一，一体化整合。一体化整合是指改变中间商的经营发展理念，在企业经营管理中不再以短期利益为发展重心，而是通过本质的体制变革来使得各个厂商之间形成一种战略合作伙伴关系，在合作过程中实现彼此的共同进步、共同发展。第二，传统渠道和新型渠道的整合。在社会主义市场经济的不断发展下传统营销环境发生了变化，在营销领域出现了新型营销渠道，比如品牌专卖、综合连锁、网络订购、独家定制、集团采购等。和新型营销渠道相比，传统营销渠道主要是大型商场、超市、专营店。在两种营销渠道整合的过程中能够在最大限度上发挥出彼此的优势打造一种符合时代发展变化要求的经营模式。第三，同行、同类产品渠道的整合。一些跨国企业在前期进入中国市场或者中国企业开拓国外市场的时候会采取合作渠道。第四，跨行业之间的渠道整合。在经济全球化的深化发展下，跨界营销在多个行业中都有出现，跨界营销的实现打破了传统营销发展思维，通过跨界营销能够为客户提供系统的解决方案。

二、基于供应链管理的营销渠道整合

(一) 供应链管理

供应链管理是在信息技术革命和知识经济基础上形成的企业发展战略，是企业经营管理的一种创新，通过供应链营销渠道整合能够实现产销一体化发展，从而为企业大规模生产转型提供重要基础支持。从实际情况来看，供应链管理包含从最终用户一直到最初供应商的向客户提供的增值产品、服务、信息等商务一体化的流程。

供应链管理和物流管理存在较多的相似点，基于供应链管理的营销渠道是从一个松散独立企业群体转变为具备较强市场竞争力合作力量的过程。企业传统的管理以职能部门为基础，在各部门工作矛盾冲突和信息冲突的作用下，各部门往往无法激发各自的发展潜能，因而也无法实现企业的发展目标。而供应链管理以流程为基础，在发展中将物流、信息流、价值流、工作流等整合在一起，通过有效的业务重组来消除各部门发展的自我保护主义，从而在各部门的密切配合下实现对各类资源的有效利用。

（二）基于供应链管理的营销渠道的整合

1. 实现企业渠道和企业关系的整合

供应链管理是在物流基础上发展起来的，在企业运作中的实物分配、物流整合等方面都体现了物流管理发展特点。从企业的管理层次来看，从制造商、批发商、分销商再到最终用户的整合都充分体现了供应链管理理念，有效提升了企业物流管理成效。

2. 实现企业内部成员关系的协调

物流管理是一个有计划的机制，主导企业是制造商，在发展的过程中，主导企业一般会通过制订一个严谨的计划，来控制产品和信息的流动。在企业经营管理的过程中，供应商和客户之间的关系在本质上是一种利益冲突、买卖关系，在这个过程中会使得企业的商品存货逐渐向上游企业转移。基于供应链管理的渠道整合能够增强内部各部门成员之间的配合，在彼此的配合下，完成对某一类产品的开发和利用。

3. 实现跨组织的一体化管理

供应链管理是一项复杂化、系统化的工程，在具体实施的过程中，需要考虑不同层次的技术经济问题，强化对各个环节的成本控制，比如，要考虑组织之间的存货应该以怎样的姿态存在和摆放，供应链系统应该安排布置在怎样的地方，资源信息共享深度，等等。

三、基于供应链的企业管理的创新

供应链管理打破了企业传统管理模式，在企业内部引发了一场管理革命，基于供应链的企业管理创新具体表现在以下几个方面：第一，实现产销一体化发展。在社会分工日益明确的背景下，企业的生产和流通实现了分离发展，这种情况对生产商和销售商的发展都是十分不利的。同时，结合社会主义市场经济的发展变动，企业要想实现长远发展需要密切关注市场需求和顾客需求，结合市场、顾客的需求来有选择地生产适销对路的产品。在供应链的支持下生产商和销售商强化了彼此的关联，企业的经营方式从大规模生产转变为大规模定制。另外，在顾客需要的多变下，流通企业和市场的关联度降低，突出表现为商店中的一些产品卖不出去，产品供需不平衡。在供应链的支持下生产商能够更为全面地掌握零售商的库存情况，包含商品的畅通和滞留信息，进而实现对流通商库存的有效管理，提升库存管理效率。第二，将供应链管理应用到业务流程中实现对物流、信息流、价值流的有效整合，不断增强企业的核心竞争力。第三，通过有效的供应链管理能够提升企业的社会资本，产生更多获利联动效应。基于供应链所形成的企业关系称为关系能力，这种能力会使得企业发展拥有自己的竞争优势，为企业的长期贸易交易发展提供有力支持。

四、某公司营销渠道整合和管理优化策略

某移动公司贯彻集团公司"业务和服务领先"战略，按照"代办为主、自办为辅、业务外包、分级管理、提升服务、提高效益"的营销服务思路，实施"营销渠道整合计划"，对社会营销渠道进行重新规划和有效整合，通过一定的激励约束机制，促使入围代理商加大投入，全力以赴做好业务发展并致力于服务水平的提高，从而提升企业整个营销渠道的销售能力、服务水平和忠诚度。

该移动公司原有的社会营销具有小、乱、散的特点，营销能力和综合服务水平较差。在激烈的市场竞争环境下，用户对营销渠道提出了新的要求，即将移动运营商变销售类型的渠道转变为服务型渠道，并为用户提供优质的服务。

做好渠道整合规划。渠道规划是结合当前渠道情况和市场预测来对下阶段营销渠道的管理模式做出整体设计，从发展实际情况来看，渠道规划的基本思想是渠道整合的纲领，发展目的是增强渠道的销售能力、服务水平、忠诚度，从而通过整合营销提升企业的市场竞争力。①代办为主，自办为辅。通信一级代理商要结合企业建设要求建设特许经营店，在具体发展中按照"自由组合、双向选择"的形式在业务区内选择发展二级代理商。②业务外包。将发展用户（放号）、话费收取、综合业务开办、有价证券销售等移动业务授权给一级代理商经营。③分级管理。二级代理商的业务管理由一级代理商负责，根据一级代理商投入的资金和劳动量可以获取相当于管理费的佣金差价。④提升服务。在实施渠道营销的时候要注重提升整体渠

道营销水平。第二，提升企业渠道销售能力。首先，在招标完成之后确定彼此长期合作的关系，在发展过程中树立互利共赢和长期合作的理念，积极培养辅助代理商。其次，通过有效招标筛选出实力能力强、信誉好、经验丰富的代理商。再次，考虑到企业综合营业大厅在连接企业和客户方面的重要性，因而特许经营店（实为综合营业大厅）的建设一定要符合企业 CI 规范并保证质量。最后，允许一级代理商在业务区内自由发展一定数量的二级代理商，使整个网点布局更趋合理，客户办理业务更加方便。同时，在以往代理商管理服务的基础上还需要组织直销队伍进行上门营销，增强营销的积极主动性，提升营销整合效果。

综上所述，市场营销渠道对实现企业的长远发展起着十分重要的作用，在当前激烈的市场竞争环境下怎样提升企业市场营销水平成为相关人员需要思考和解决的问题。营销渠道整合必须始终秉承为成员创造更多的价值，渠道成员除了制造商自身外，还包括经销商/分公司、分销商、零售商和消费者，在渠道整合的过程中，如果仅仅考虑了单方面的利益就会导致自身和其他成员之间的冲突，不利于市场稳定发展。为此，结合企业发展实际情况和供应链管理的发展必然，需要相关人员从思想理念、业务流程、信息技术等方面思考怎样整合营销渠道，旨在能够通过营销渠道的整合更好地促进企业发展。

第三章　电子商务背景下市场营销概述

在电子商务背景下，市场营销经历了许多变革和创新，以适应数字化时代的需求。电子商务背景下的市场营销注重数字化、智能化和用户体验的提升。随着科技的不断发展，市场营销将继续迎来新的创新和变革。电子商务推动了市场营销的数字化转型。企业越来越依赖在线渠道，如社交媒体营销、搜索引擎营销、电子邮件营销等，与目标客户建立更紧密的联系。

第一节　电子商务与传统市场营销概述

近年来，我国电子商务高速发展，在促进经济发展、市场繁荣和消费总量提升，给消费者带来方便、快捷、多样化消费体验与选择的同时，对传统企业市场营销理念与方式也产生了冲击。把握电子商务背景下企业市场营销的变革趋势与应对策略，对提升企业数字化时代生存竞争能力、优化产品结构设计、拓展客户资源等具有重要意义。

一、电子商务对传统市场营销的影响

传统企业以产品为中心的营销方法，已不能适应电子商务背景下消费者的需求。传统企业依据自己的技术、资源和生产能力，生产出自己认定的产品，再以产品为中心，寻找消费群体。以往，企业产品销售依赖经销商进行销售，一旦经销商对消费者需求预判产生偏差，产品滞销就在所难免。即使企业生产的产品存在潜在的消费群体，但如果经销商对产品前景预判有误，没有向消费者推广该产品，那么消费者就无法接触到该产品，这样，产品就无法在市场上流通，即使产品品质优良也不能达到预期的销售效果。随着信息技术的飞速发展，以互联网为载体，利用计

算机网络技术与平台，来实现商品交易的新型经济贸易形式电子商务的出现，对传统产品销售链产生了冲击。在电子商务背景下，企业可以摆脱传统销售模式，利用网络对产品进行宣传、销售。这样不仅节省了人力成本、时间成本，也使产品能够快速流通。电子商务愈来愈显现强大的市场生存和市场竞争能力。

（一）电子商务显现低成本、高效率优势

电子商务背景下，企业或经销商将产品以图片、视频、文字等形式呈现在互联网上，消费者通过浏览网页、点击视频等方式，足不出户就能实现对产品的全方位了解，实现企业商品与消费者的即时交易，节省了企业及消费者双方的交易时间及中间商差价，使企业的产品营销额上升，市场占有率提高。电子商务的跨时空能力，使企业产品不仅可以在国内销售，而且可以实现全球资源配置，拓展了产品销售群体。电子商务的出现，对于企业和消费者来说是双赢的结果。

（二）客户关系黏性管理出现新要求

客户关系管理是企业通过运用先进的信息技术和数据分析技术，对市场营销对象的消费行为进行科学、全面分析，制定出符合企业产品特点和客户需求的营销策略，实现对客户关系的管理。高黏性的客户关系，能让企业专心于产品质量把控、新产品开发与设计，以满足黏性客户消费需求，从而制定更符合企业发展的营销策略。电子商务背景下，客户可以随时随地在平台发布产品需求信息，企业市场营销要及时跟踪、捕捉客户需求，聚焦如何与客户形成良性互动。企业应对现有资源进行合理配置和利用，并依靠电子商务平台即时、全方位展示其开发的新产品，满足客户对产品高质量的要求，提升企业形象，使效益最大化。

（三）企业竞争力格局显现新特征

随着经济全球化的不断发展，现代企业之间的竞争越来越激烈，企业竞争力格局显现新特征。涉足电子商务的企业，通过互联网对企业形象进行宣传，对产品进行信息发布及推广，以扩大企业知名度、增强竞争力。在互联网背景下，消费者能够浏览企业网站，对产品进行了解和咨询。消费者通过电子商务实现消费行为，关注的不仅是产品的质量和功能，还注重在购买商品、使用商品过程中企业提供的技术服务和售后服务。良好的企业形象、过硬的产品质量、便捷的销售

渠道、完善的售后服务,使企业的竞争力也由传统的信誉保障,变为多维度的用户满意。

二、电子商务背景下企业市场营销的变革趋势

电子商务虽不能完全取代传统市场营销,但对企业市场营销需关注的消费者群体特点、消费需求、交易模式、产品的个性化等方面,提出了变革要求。

(一)企业市场营销理念的电子商务化

随着我国网络信息技术的不断发展,商务活动电子化成为个体与企业跨时空把握商机、实现商务目的的重要方式。在电子商务环境下,企业开展市场营销活动时,应该转变传统的营销观念,加强对电子商务技术的利用,从而更好地满足消费者的需求。企业应该加强对参与电子商务的技术设备的研究与开发,从而实现网络市场营销模式与传统营销模式的结合,进一步拓展网络市场。企业应根据不同类型的消费群体有针对性地进行产品研发。在此基础上企业要加大网络销售渠道的建设力度,通过优化客户关系管理系统、创新客户服务方法等为客户提供更好的服务。

(二)企业市场营销方法的电子商务化

商务电子的主体是应用企业,电子商务是实现手段,商务电子是应用目的。可见,企业商务电子化是将先进的信息技术应用于企业的商务活动中。在电子商务环境下,企业要想实现自身的可持续发展,必须适应承载商务的电子载体与形式,根据市场变化而快速发展与更新换代。企业要加强对电子商务技术的研究与开发力度,利用电子商务技术来对产品进行优化升级。例如,在网络上销售化妆品时,企业可以通过推出多样的、高质量的产品满足不同消费者的需求;在网络上销售食品时,企业可以利用互联网技术使消费者看到产品生产的全过程,使消费者可以实时监督产品质量;在网络上销售服装时,企业可以邀请演员、模特等进行直播,使消费者看到服装上身效果。为了更好地利用电子商务进行宣传与销售,企业应加大网站建设力度,利用互联网加强产品宣传,促进产品销售。加强网络平台建设、网络广告投放、客户网络系统管理等,只有这样,才能使企业更好地融入电子商务环境,实现可持续发展。

(三) 企业市场营销实行个性化长链跟踪

电子商务背景下，一方面，企业要将互联网信息技术作为开展市场营销工作的主要手段，通过开展网络营销扩大企业的知名度。另一方面，要做好网络营销渠道的建设，通过目标客户细分与个性化长链跟踪，拓宽企业营销渠道，不断拓展市场空间。企业要对网络信息进行处理与分析，并通过各种网络工具来收集客户的相关资料与信息，了解客户对产品以及服务质量等方面的评价。通过使用互联网工具，为客户提供更加优质的服务。除互联网外，企业还可以通过电子邮件和电话等营销方式，建立与客户之间的销售关系。

三、电子商务推动下企业市场营销的应对策略

为适应电子商务发展趋势，企业市场营销在优化传统市场营销渠道的基础上，要主动作为，有针对性地加强建设，以增强市场竞争力，提升营销绩效。

(一) 完善营销系统，提升企业市场营销综合实力

营销在企业的整个运作中有着举足轻重的地位，一个好的市场营销系统总体决策可以极大地提高企业盈利水平，保证企业发展目标的实现。企业要不断完善市场营销系统，建立电子商务平台，充分了解、分析消费者的需求，不断优化企业产品结构。企业应完善市场信息收集和共享机制，并以此科学合理地开发、设计产品，从而更好地进行产品销售。只有通过对消费者需求分析，不断调整产品销售策略，才能有效提高企业经济效益。

(二) 制定价格策略，提高企业市场营销有效度

电子商务背景下，产品价格竞争变得更加激烈。制定出既能吸引消费者，又能实现企业最佳利润的价格，成为市场营销中的重要一环。企业应根据消费者需求，制定合理的价格策略。企业在制定价格策略时要充分了解消费者的心理价格接受范围。如在手机市场中可以结合手机类型和购买人群来进行手机定价，也可以根据不同用户群体来制定合理的价格策略。通过电子商务平台，广泛开展网络市场调研，了解消费者对产品的心理价位，较为准确地进行产品定价，有效开展市场营销。

（三）加大网络营销，开拓企业市场营销发展空间

现代信息技术的发展，使市场营销的手段和内容也在发生革命性的变革，网络营销以新的姿态展现在企业面前，凸显其独特的魅力。电子商务平台的开放性、多样性和共享性等特点，使其成为企业市场营销的重要渠道。目前，大部分企业认识到电子商务对传统市场营销带来的挑战，纷纷通过自建电子商务平台展示产品的性能、价格、特色及售后服务，从而提高产品销量。也有部分企业利用第三方提供的网络销售平台，如淘宝、京东、抖音、微信、快手等；有的还进行视频直播带货，对产品进行介绍、推广、销售，并为消费者提供更加优质的服务。

（四）打造品牌形象，增强企业市场营销的客户黏性

依托各种电子商务平台塑造企业品牌形象，让消费者更加了解和熟悉企业，增强客户黏性，是企业市场营销工作创新的重要途径之一。利用网络营销模式加深消费者与企业之间的联系，通过开展网络营销活动，让消费者将自己所想要购买的产品通过网络进行传达和销售。这种方式不仅让消费者更加方便地购买产品，同时，还增加了对企业品牌形象的认知度，企业品牌形象得到进一步提升。

电子商务作为一种新型的经济贸易形式，随着网络信息技术和网络应用技术的发展，对企业降低运营成本、提高工作效率、实现资源优化配置等有着重要作用。电子商务的迅速发展，对传统市场营销产生了重要而深刻的影响，企业要适应时代经济的环境变化，从市场营销观念、营销方法等方面进行多维度的改革和创新，以满足用户消费需求，增强企业核心竞争力，取得市场竞争优势。

第二节　大数据技术与电子商务精准营销

一、我国电子商务发展及其精准营销现状

（一）我国电子商务行业发展现状

伴随着互联网技术的飞速发展，我国电子商务行业增长迅猛，市场规模持续扩

大，企业活力持续增强，深刻改变着人们的生产、生活方式，深刻改变了传统经济贸易格局，成为促进国民经济持续健康发展、改善民生、促进就业的重要动能。2021 年，我国网民规模已经突破 10 亿，互联网普及率超过 70%，网络购物、网络消费、上网浏览已经成为人们日常生活不可或缺的重要组成部分。同时，电子商务新业态迅速崛起，直播电子商务、视频营销、抖音、快手等新型营销业态不断涌现，带动网上零售持续快速增长。商务部的统计数据显示，截至 2021 年底，我国电商企业总户数接近 1000 万，从业人员超过 5000 万。2021 年我国电子商务交易总额达到 41.92 万亿元，同比增长 12.6%；全国网上零售额达到 13.1 万亿元，同比增长 10.5%，占我国电子商务交易总额的 24.6%。

（二）基于大数据技术优势的电子商务精准营销内涵及现状

互联网技术的迅速发展，催生了大数据技术，使海量数据的管理和处理成为可能，也让人们逐渐真正发现了数据的巨大价值。正是基于这样的背景，电子商务企业开始应用大数据技术帮助企业开展营销活动。基于大数据技术优势的电子商务精准营销，是指电商企业充分利用大数据技术，对消费者信息进行收集整理和分析，利用大数据分析结果对消费者进行市场细分，实现对客户的精确定位，并根据消费者兴趣爱好采取相应的产品广告投放措施，维护并拓展客户群体的一种方法。实施基于大数据技术的精准营销，电子商务企业可以动态跟踪监测消费者需求变化，实时对企业经营和产品策略及时进行调整优化，充分满足消费者多样化、个性化消费需求，有利于电子商务企业降低产品成本，提高生产效率和企业效益。

近年来，越来越多电子商务企业开始认识到大数据的重要作用，加快大数据技术的应用，给消费者画像，从消费者的消费数据预测消费习惯和爱好，找到客户和产品之间的内在联系，对客户群体进行精准识别，以便制定精准营销策略，努力为客户提供满意的服务。如果电子商务企业能够抓住机遇实施精准营销，将有力开拓客户市场，助推企业实现可持续发展。

二、电子商务精准营销存在的主要问题

（一）部分电子商务企业没有形成较为完善的精准营销体系

部分电子商务企业对大数据技术应用的重要性认识不深，对利用大数据技术优

势开展精准营销不够重视，企业营销战略、方向目标不明确，市场营销部门的大数据资源和大数据人才比较匮乏，传统营销模式仍占有相当大的比重。企业内部资源协同联动不足，市场响应速度较慢，不适应电子商务市场激烈竞争的环境。一些企业缺乏对消费者数据信息的管理，没有完善的大数据平台，对消费者的消费行为缺乏深入分析，不善于利用大数据技术精准定位目标客户群体，造成客户群体不稳定。企业对营销数据和客户消费信息的实时动态监测能力不足，对数据之间的联系缺乏研究，大数据技术在帮助企业调整营销策略、制定经营决策方面的作用没有得到有效发挥。客户信息渠道不畅通，客户反映的问题得不到及时解决，客户消费体验感较差，影响产品技术性能的改进和提升，影响电子商务企业的持续健康发展。

（二）部分电子商务企业市场定位精细化程度不足

电子商务客户群体比较分散，一些企业不善于利用大数据技术去分析客户消费行为，造成目标客户群体不明确，难以开展有针对性的精准营销活动。部分企业对客户的日常消费信息缺乏深入分析，不了解客户的浏览习惯、性别年龄、消费偏好等信息，没有形成客户画像，难以对客户群体进行细分，从而制定相应营销策略。对海量数据的分析不充分，难以挖掘客户消费信息的关联性，不能准确判断用户的消费习惯，不能全面了解客户消费需求，难以提供个性化客户服务方案，客户对产品的满意度和信任度不高。部分电子商务企业传统营销理念根深蒂固，更多关注产品销售情况，对客户需求缺乏深入研究，没有站在为客户创造价值的角度去考虑问题，对客户的业务、需求、效益以及痛点、难点问题缺乏关注，导致与客户的黏性不足，产品技术创新能力、客户需求响应能力、实施精准营销能力普遍不强，企业可持续发展空间受到束缚。

（三）基于大数据技术优势的精准营销模式创新能力不强

在互联网营销模式方面，一些电子商务企业对用户大数据缺乏分析，没有基于大数据技术的分析结果进行广告设计和投放，导致互联网广告的内容设计不精细，没有根据客户的兴趣爱好、浏览时间等特征优化广告内容，表现形式单一，推送时段不够精准，广告精准营销的效应没有充分体现。互联网广告投入以后，同样缺乏对点击量、转化率等数据的收集整理和分析，缺乏与产品销量等信息的对比，对从广告投放、渠道管理到产品销售的全链条数据分析不足，广告效果不佳。部分企业利用微信、微博、抖音等各类社交平台实施精准营销的能力不足，不善于利用社交平台获取企业的产品使用情况和完善建议，从而提升品牌形象和认可度。对这些平台用户群体的数量、特点和需求缺乏大数据分析，对于如何吸引人群关注企业的产品和品牌，如何与消费者实现互动，如何引导消费者主动分享产品相关信息，缺乏精准营销策略，客户关系、产品质量品牌管理和维护不足，一些电子商务企业利用社交平台将平台用户转化为商家客户的比率较低。

（四）电子商务行业缺乏共建共享的大数据平台

每个电子商务企业都积累了一定的消费者数据信息，但由于电子商务市场竞争激烈，这些信息大多数形成信息孤岛，积聚在各自的信息平台，没有实现共建、共享、共用，大数据对精准营销的促进作用，对行业发展、企业发展的推动作用都没有得到有效发挥。政府层面的引导支持不够，政策层面和战略规划层面对电商行业大数据平台建设的支持力度不足。电商企业层面推动数据资源整合和开放共享的积极性不高，对大数据技术在塑造企业差异化优势、提升企业核心竞争力等方面的重要性认识不深，对数据价值、数据治理、数据共享认识程度也不尽相同。电商行业缺乏大数据共建共享机制，企业的责任、义务和权利等方面约束不明确。大数据技术人才匮乏，尤其是既熟悉市场营销业务又精通大数据技术的人才更显稀缺。企业、高校、社会之间的协同不足，大数据人才培养体系亟待完善。

三、基于大数据技术优势的电子商务精准营销实施策略

（一）电商企业要致力构建完善的精准市场营销体系

制定实施基于大数据技术优势的电子商务精准营销策略，是电商企业适应当前市场竞争形势、提升市场竞争力、实现持续健康发展的必然要求。电商企业应当在认真评估企业自身特点和大数据技术优势的基础上，明确企业发展和市场营销目标，健全市场营销机构，配备相应市场营销人员和资源，特别是大数据专业技术人员。建立电子商务企业内部营销联动机制，树立精准营销的"指挥棒"作用，强化产品研发、制造、营销、财务等各类资源协同，共同构建完善的精准市场营销体

系，快速响应市场需求。要构建完整的消费者数据信息平台，搜集整理消费者的相关数据信息，对消费者的消费行为、消费习惯、关注产品、交易频次等进行深入分析。利用大数据分析结果，精准定位消费者的需求、产品、价格等，从而进行市场细分，科学界定消费者类型，以便提供差异化精准化服务，努力维护稳定的客户关系，不断挖掘潜在客户群体。同时，利用大数据平台，实时分析监测营销数据和客户消费信息，分析产品销售情况，预测产品未来销量，以便企业及时调整相应产品策略和营销策略，做出科学合理的经营决策。要畅通客户信息反馈渠道，及时收集客户提出的意见、建议和合理诉求，加强客户信息分析，及时改善产品技术和性能，为客户提供更完善的消费体验，更好满足客户需求。

（二）精确锁定客户群体开展精准化营销

电子商务企业客户群体庞杂、分布广泛。要充分利用大数据技术，深入分析客户消费行为特点，迅速锁定目标群体，开展精准营销活动。要构建用户模型，根据客户日常消费频次、购买数量、交易金额等信息，形成客户画像，贴上营销标签，以便实施更有针对性的营销活动。要加强深层次的大数据分析，结合客户画像，根据客户浏览习惯、关注重点、性别年龄等信息，深入分析客户的年龄特征、消费偏好、兴趣爱好及其所购买商品的典型特征，根据客户层次规模进行划分。针对不同层次、不同规模的客户群体制定相应营销策略，加强技术创新，完善产品功能，充分挖掘潜在客户需求，不断增强客户对产品的依赖性和信任感。要深入挖掘客户各类产品消费信息的关联性，从海量数据中分析产品之间的内在联系，准确判断用户消费心理和消费习惯，更好地了解和掌握客户消费需求，制订个性化客户服务方案，从产品、价格、物流、售后等各个环节及时进行调整优化，持续提升客户满意度。在此基础上，立足为客户创造价值，深入研究客户服务需求，从客户消费特点和业务需求出发，持续完善精准营销方案，快速响应客户需求，帮助客户实现业务增长、效率提升，从而与客户建立更强黏性，不断拓展市场空间，为电子商务企业带来持续稳定的收益。

（三）持续创新互联网营销模式实施精准营销

互联网广告集文字、声音、影像、音乐等于一体，具有覆盖范围广、表现形式丰富多样、信息量大等优点，已经成为电子商务企业实施现代营销战略、开展精准营销的重要方式。电子商务企业要依托大数据平台，充分利用客户海量数据资源，根据客户的性别、年龄、兴趣爱好等营销标签，根据客户的上网时间、浏览习惯等特征，精心设计广告内容、表现方式和推送时段，实现对客户的精准投放。要深入分析互联网广告点击量等相关数据，并加强与产品订单、收入等数据的对比分析，全面评估各媒体平台的广告投放效果，并根据各个平台的不同受众特点，及时优化广告设计和投放方案，实现大数据驱动的精准投入，以实现最好的营销效果。要充分整合互联网广告资源，利用多种广告形式，增强广告丰富度和智能投放性，努力触达更多消费者，加速信息化、数字化营销进程，努力实现业务持续增长。电子商务企业要不断深化与互联网媒体平台的合作，借助互联网平台企业优势，整合多方面能力，延伸企业产品和业务链条，逐步打通从市场营销到产品服务的全过程，不断拓宽客户空间。要充分挖掘大数据价值，有序推动大数据价值利用，充分关注真实的交易转化，并从广告投放、产品营销到渠道管理进行全链条、全产业布局，确保企业基业长青。

（四）广泛利用各类社交平台实施精准营销

随着移动互联网的飞速普及，微信、微博、抖音等社交媒体快速发展。这些平台规模较大，使用率较高，具有非常广泛的影响力，逐步形成了各具特点的平台用户群体。电子商务企业要根据不同社交平台的不同群体特征以及不同的商品兴趣爱好，制定实施差异化营销策略，吸引人群关注企业的产品和品牌，提升产品和品牌人气，从而拉近企业与客户的距离。要通过社交平台加强与消费者的互动，引导消费者主动分享产品相关信息，主动与商家反馈产品使用情况和完善建议，共同维护品牌形象，努力获得消费者的情感认同，不断提升产品的品牌形象和认可度。要致力于粉丝营销，通过社交平台加强与平台粉丝的互动，针对粉丝情况展开精细化营销，精准高效地将企业产品信息触达每一位粉丝，真正引起粉丝的兴趣，让粉丝获得良好的品牌体验，增强粉丝黏性，逐步将粉丝培养成真正的客户。通过社交媒体实现产品销售，更容易与客户建立固定持久的联系，更容易拓展新的营销渠道。电子商务企业要全力维护客户关系，加强交流互动，定期了解客户需求，努力提供定制化和及时准确的服务。同时，要加强品牌管理，注重产品的安全性、便捷性和功能性，充分考虑消费者的个性化时尚化需求，充分利用社交媒体平台传播速度快的优势，提升产品品牌知名度。

（五）致力打造电子商务行业共建共享共用的大数据信息平台

在大数据时代背景下，数据就是生产力，数据就是企业发展的重要推动力，已经逐步成为共识。打造电子商务行业大数据信息平台，推动信息共建、共享、共用，是实施精准营销的重要基础。由于电子商务市场竞争非常激烈，企业之间的数据壁垒仍然牢固。各级政府部门要加强引导，从政策层面统筹规划支持电子商务行业大数据中心建设，引导电子商务企业充分认识数据共建、共享是大势所趋，是塑造企业差异化竞争优势的必然选择，必须主动参与，主动做好数据供需匹配和业务精准对接。电子商务企业要增强全局意识，站在行业高质量发展的角度，共同致力推动大数据信息平台建设。大型电子商务企业要发挥引领带头作用，发挥资金、技术、数据信息等方面的优势，全力推动数据资源整合和开放共享，带动中小企业共同致力推动行业大数据中心建设。要健全完善大数据共建、共享、共用机制，努力破除行业竞争壁垒和体制机制障碍，明确参与各方的责任和义务，畅通数据传输、汇聚、共享和应用通道，充分挖掘数据价值，深化数据治理，增强数据共享时效性，努力打造更多数据应用场景，切实发挥数据对企业发展的促进作用。要加强大数据技术和市场营销高端人才培养，培养一支既熟悉市场营销业务又精通大数据技术的人才队伍，为实施精准营销提供强大支撑。总之，大数据技术的飞速发展，正在深刻改变电子商务行业竞争格局和发展生态，实施精准营销对电子商务企业的持续健康发展非常重要。电子商务企业应当充分认识利用大数据技术实施电子商务精准营销的重要意义，牢固树立现代营销精准营销理念，积极推动营销创新，制定实施基于大数据优势的、适合企业特点的精准营销策略，持续巩固拓展市场份额。

第三节　网络时代下电子商务企业市场营销

一、网络时代下新环境对电子商务企业市场营销的影响

（一）促进了服务化市场营销理念的传播与应用

营销的最终目的就是促成交易，让消费者满意，而面对产品同质化越来越明显

的趋势，服务化营销理念能更好地提升产品的市场竞争力，精准的服务营销策略在提升企业服务效果以及维护顾客利益方面具有双重深意。网络时代下，服务化市场营销理念得到广泛传播与应用，企业在电子商务的销售平台上，可以为消费者提供与销售方多维度的交流、实体展示等，能够有效提高消费者的购物体验。消费者可以迅速将自己需要的东西传达给企业，与商家进行讨论，提出自己的想法，同时，享受更加便利、迅速的服务。调查资料显示，在移动连接、物联网等技术支持下，可以更加全面、深入地了解消费者的真实需求，在掌握精准市场信息的基础上，为消费者提供最佳、最便捷的产品和服务。与此同时，企业可以根据调研的结果，快速组织开发个性化产品，进而实现企业产品的优化，及时进行产品升级，迅速满足多变的市场需求，提高企业的市场占有率。

（二）促进了市场营销范围的不断扩大

计算机网络技术为电子商务的发展提供了技术支持，电子商务企业可以不受时空的限制与消费者发生联系，大大地增加了市场营销的范围，为企业开展营销活动提供了广阔的空间，企业不仅可以通过多渠道获取市场信息，并且可以实现 24 小时不间断的营业。同时，企业利用虚拟市场的开发和拓展，为消费者提供了更多的消费体验，增加了与消费者沟通的渠道和方式，促进了市场营销范围的不断扩大。

（三）促进了市场营销传播方式的创新

在网络时代，新型的宣传媒介层出不穷，如脸书、微博、抖音、B 站等，这为企业开展市场营销提供了新的传播方式。这些网络媒体技术能够实现同步通信，满足信息共享的需求，让信息的传播速度更快、覆盖面更广，扩大了企业与消费者接触的空间。通过新的传播媒介，一条信息在很短的时间内能够传遍全世界，并且更新的速度非常快。与此同时，新型的宣传媒介还具有丰富性及互动性，消费者能够获取更加深入的信息，可以根据自己的喜好、经历获取自己最想得到的信息，并与商家进行及时的沟通和交流反馈，提高了消费者的参与性，让消费者的体验感更强，提高了企业市场营销的针对性，让销售变得更加容易，并能够被消费者所接受。

（四）大大降低了电子商务企业的交易成本

电子商务平台促进了市场交易的整体效率的提高，消费者可以借助互联网，以文字、视频、图片、直播等多种形式，全方位了解产品信息，并根据自身的需求做出最佳的选择。网络时代的商品交易，消费者借助网络平台，打破时空的限制，全方位、多角度、多途径了解产品信息，为购买决策提供依据。相较于传统的交易活动，企业与消费者之间能够实时、动态地沟通，实现了信息的对等，提高了消费者的参与度，减少了交易的环节，降低了交易的成本。

（五）促进了支付方式的多元化发展

网上银行的发展和第三方支付软件的发展，为电子商务的发展创造了有利的条件。目前，电子商务的交易方式主要有微信支付、支付宝支付、花呗支付等，这些支付方式主要以线上交易为主，在完成交易的同时，能够保留网上交易记录，大大降低了交易风险。货币交易的形式朝着多个方向发展，由原来的现金交易转向微信、网银、支付宝等新型支付方式，为市场的营销革新提供了便利的环境，促进了支付方式的多元化发展。

二、网络时代下电子商务企业市场营销模式创新面临的挑战

（一）网络信息安全风险增大

现阶段，现代技术为电子商务的发展提供了技术保障，但网络的开放性也给电商企业带来一定信息安全威胁。电商平台为深入整合销售资源，开拓产品销售渠道，需要与多方销售企业建立合作，因此近年来，在一定程度上会造成管理不规范、服务不完备、物流不稳定、安全管理难等问题。网络环境会导致商品、用户信息泄露、失真等风险，一定程度上制约了电子商务企业市场营销优化发展的过程。

（二）电子商务企业市场营销诚信缺失

由于电子商务企业不是面对面的商品交易，需要借助互联网平台进行信息的传递，因此，许多企业在产品销售过程中容易出现诚信缺失的现象。由于网络环境的虚拟性，很多企业在信息传播中存在夸大功效、虚假宣传、诚信缺失等问题，企业把眼光放在短期的经济效益上，忽略了企业的长期利益，对电子商务企业的长远发展产生不利影响。

（三）物流运输系统不健全

电子商务配套物流运输体系的服务质量关系到电子商务交易是否能够顺利开展。商家与消费者的交易不仅取决于产品的好坏，还和物流有很密切的关系，没有物流的协助，商家就无法将商品及时准确地运送到消费者手中。从目前我国电子商务的物流模式来看，物流的输送过程仍然会受到地区、交通等现实因素的影响，导致部分村镇地区还存在物流服务不完善的现象。

（四）缺乏专业的市场营销人才

当前诸多企业严重缺乏营销方面的人才，特别是在新时代背景下的电商营销人才。大部分企业在营销团队的建设上注重团队的人数，对营销人员的素质要求都比较低，忽视了营销团队整体素质的质量建设。另外，很多企业不重视对于营销人才的职业培训，导致企业营销团队的人才流失严重。还有一些企业的营销人员对新时代营销方法和营销理念的认识不足，实践能力较差，这些都对电子商务企业的营销产生制约作用。

三、网络时代下电子商务企业市场营销模式创新的具体对策

（一）转变市场营销理念，拓展市场营销模式

网络时代下，电子商务企业的经营思想需求随着时代的发展做出相应的调整，企业应该根据新形势的要求转变营销理念，运用新技术深入了解消费需求，借助粉丝群体，强化品牌效应，通过"线上+线下"相结合的形式，取长补短，拓展市场营销模式，不断优化线下产品的质量和服务方法，增强企业的市场竞争力。

（二）完善电子商务市场营销基础设施建设

网络的建设对于电子商务企业开展市场营销活动极为重要，做好网络基础设施建设可以提升电子商务企业的竞争优势。电子商务企业应该强化计算机相关设施的配备，引进先进的软件，建立优质的网络环境，重视采购环节，建立集生产、销售、服务于一体的营销体系，加强市场营销基础设施的建设与维护，促进工作效率

的有效提升。首先，要强化网络基础硬件设施保障，提高网络的覆盖率和传输速率，确保线上与消费者沟通的效果；其次，建设特色化营销网站，根据企业自身特点，利用专业技术团队，为电子商务企业设计独特的营销网站或网页；最后，注重加强网络隐私保护，在电子商务中，客户的姓名、住址、电话等信息很容易被泄露，电子商务企业要赢得消费者的信赖，必须加强对客户隐私的保护，避免信息泄露。

（三）创新营销模式，提高电商产品竞争力

创新是企业发展的活力，企业要不断探索营销的新模式，促进产品竞争力的提升。首先，企业应立足于市场，结合各种销售渠道为消费者提供正确的引导，重视线上营销渠道的效用发挥最大化，利用网络传播范围广、速度快的优势，强化产品的线上宣传，可以利用电商平台或微博、抖音等渠道开展产品和企业的宣传，进行市场营销策略的创新与调整，通过线上优惠活动吸引消费者，提升营销决策的科学性。其次，企业在线下销售中，融合不同的营销方式，通过三维展示、虚拟现实、同时直播等技术，吸引顾客的目光，并结合用户反馈改进产品类型，不断提高顾客的消费体验，采用体验式营销手段，提高消费群体的参与度，深化消费者对企业品牌的认识，提高电商产品的竞争力。

（四）整合传统销售渠道和电商营销渠道

在新的时期，为了维持现有消费者群体的黏度、开拓销售市场、提高市场占有率，电商企业在分析现有渠道的基础上，深入开放电子商务新型销售渠道，进行渠道的整合，以期实现销售量的提升。渠道的整合应从供应链入手，优化营销流程，借助互联网技术，实现商品的统一安排，提高资源的利用率，打造系统、完整的商品供应链。另外，在物流配送方面，围绕消费者、供应商、经销商建立一体化信息共享平台，根据销售范围、销售数量、消费需求的不同，进行合理的分配，实现数据定制式的营销管理。

（五）提高营销信息的安全保障能力

网络平台具有虚拟性和开放性的特点，企业在进行产品营销时，势必会面临信息泄露的风险，因此，企业应高度重视信息安全问题。企业在搜集、分析、汇总市

场信息时，应重视保护消费者个人信息，按照信息的不同安全等级，对市场营销人员实行信息检索、使用权限的限制，在提高信息资源整合效率的同时，保障消费者的信息安全，最大限度地避免信息泄漏风险。

（六）注重营销人才培养，打造优秀营销团队

为了能在市场中赢得一席之地，拥有更多的市场份额，打造优秀营销团队至关重要。电商企业要建立完善的人才培养模式，在人才管理中引入新媒体技术，提高人才培养的效率。首先，利用科学技术进行人才培养分析，制订人才培养计划，利用大数据分析构建用户的需求体系，在充分了解客户需求的基础上，对营销数据进行总结，从而制定有效的营销策略。其次，设计人才培养内容。企业可以利用大数据分析技术对人才培养的内容进行分析，合理设计人才培养需要的相关的内容，有针对性地进行培训，提高人才培养的效果，提升他们的营销手段和能力水平，打造一支专业的销售团队。最后，建立专业化的训练体系，从信息素养、营销理念、管理思维、职业道德等方面，全方位打造高素质营销人员，并加强营销团队训练，为员工提供更多的对外交流活动，利用网络教育资源等，全面提升销售人员的综合素质，为企业提供人才保障。

第四节　市场营销在电子商务推动下的创新发展

市场营销指企业基于自身发展所采取的、可达到因素控制目的的产品推广、资源整合等重要过程。具体用来界定企业以自身产品或服务，满足消费者各种需求所采取的营销手段。传统市场营销中，营销模式与手段，往往不会基于互联网及现代化信息化理念方法。但是，随着当前信息化不断加深，互联网不断普及，传统营销手段不再适用于经济市场。由此，及时借助现代化互联网技术与信息化手段，则便于促进企业长效且持续稳定发展，为市场营销创新提供更多保障。

一、企业营销中电子商务手段的主要特点

（一）电子商务的商务性

商务性是电子商务最为集中且突出的特征。企业基于电子商务的商务性特征，

一方面，让企业能够在营销推广中获得更多可靠或可实现盈利发展机会，另一方面，借助互联网信息技术手段和企业独特发展优势，充分满足消费者消费需求，也能达到一定程度商贸交易，于极大发展程度上，便于企业后续发展中获得更大的发展机遇，应对发展挑战也将更加得心应手。另外，从电子商务发展角度而言，电子商务运行能极大限度帮助企业实现市场开拓，促使企业大幅度提升客户数量，便于企业高效收集整理客户数据，在线掌握客户诉求，及时分析客户喜好，让企业制定更优质、更符合实际的营销策略，实现企业盈利空间上升。

（二）电子商务的服务性

对消费者而言，能够高效率借助电子商务模式，通过移动数据端或者 PC 端满足购物需求，有效从购物碎片化时间中，不断提升购物便利性，同等价位可供优质选择也更多。因此，这就造成企业产品供应与服务提供质量不断提升，供应服务也逐渐发展成为电子商务运营中最重要影响因素。当今社会，互联网信息普及及数据化应用，已经成为社会发展和人类生存的常态，企业发展中，也不再过分依赖于内部工作分工与职位间合作，要谋求后期的企业稳定持续发展，便离不开外部重视与发展。同时，企业需不断关注不同客户多样化需求。而且，电子商务影响下，将服务性充分展现于企业发展中，便于企业后期服务及产品的平台朝网络方向发展转移，让消费者切身感受到优质服务，对于极具便捷性和自由性的网络购物，消费者选择亦会不断增加。由此，电子商务所提供服务，是方便快捷的特殊服务模式。

（三）电子商务的集成性与可拓展性

电子商务中，所涉及新技术趋于多元化。电子商务出现，并不代表企业传统贸易发展会逐步被代替或消亡，而是继承了企业传统贸易发展优势的基础上，不断地进行各类创新与突破，最终将现代化新技术、新发展理念、新模式等与传统技术理念有效融合，让消费者基于互联网信息技术独特优势，高效完成目标选定。电子商务平台能够更快达到工作流程规范性，确保电子信息后期处理及人工操作，高效率融合，致使二者之间形成密不可分的整体性关系，让企业运行中系统所独有紧密性稳步提升。另外，在电子商务具体应用和后期实践中，还出现了明显的可拓展性特点。现代电子商务，用户人数已高达数亿，在消费中，往往会在计算机网络传输中出现高峰发展状态。电子商务所具备的可以拓展的趋势，促使整个系统呈现出稳定的表现特征，不断提升平台的可持续运营与发展。

二、市场营销在电子商务推动下的创新发展具体表现

（一）电子商务发展下市场营销环境发生改变

电子商务主要基于互联网信息技术等虚拟手段，进行产品交易与交易金额支付，进而在传统市场营销中，人类面对面交易的现象逐渐弱化，非面对面交易日渐盛行。在一定程度上让市场营销操作手段与环节变化十分显著。基于如此的全新发展情境，作为特殊支付手段的电子货币应运而生，消费者在进行购物与货币交易便捷性上更大。同时，传统商品交易市场也逐渐朝无纸币交易特点转变与发展。从其中不难发现，电子商务进步，促使现代化市场营销结算与后期支付关系更为紧密，市场营销发展速度也不断提升。

（二）电子商务发展让消费者获得全新体验

随着电子商务的快速发展，一定程度上促进了消费群体个性化需求与理念的无意间形成。随着社会经济发展速度逐步加快，新旧事物之间的交互替换性也越来越突出。不仅如此，也有越来越多的新型事物不断交替出现让人类的事物接受能力持续提升。基于此，消费群体中就会出现大量新型事物的狂热追求者，这一过程中，消费者将会获得更多的全新消费体验。更甚至于，很多消费者认为独立个体通过自身的特殊爱好或喜好购买的产品或服务，都可以通过这一个独特需求与审美意识进行充分表现，以此来彰显自身独有的发展形式，这也是消费者个性化体验的具体外在表现之一。当前，电子商务发展造成市场营销手段和辐射范围极大改变，消费者基于此等环境，更加注重个性化追求，个性化消费模式逐渐形成。因此，如果深入到现代的市场营销中去调查，就不难发现市场的变化。

（三）电子商务发展让市场营销购买方式发生转变

传统市场营销，消费者只能以各种方式，前往实体店铺，依据自身需求进行产品购买，购物成本不言而喻，却又无可避免。但是随着电子商务时代到来，信息交

流逐渐趋向于双向性发展特点，消费者极易与生产者之间实现一对一交流沟通，消费者可选择产品与生产者均呈现多元化，能够在最低购物成本内获取个人所需产品服务，消费者只需通过专门的购物软件或网站，即可完成需求产品与服务搜索选择，购物体验更为高，购物便捷性更强。此外，电子商务环境下，消费者还可借助更专业工具和平台进行产品服务选择，可选范围不断扩大，消费者购物中不良环境影响尽可能得以规避，购物选择理性化程度也有所提升。

三、市场营销在电子商务推动下面临的风险

一是贸易全球化加剧了市场竞争。经济全球化大背景下，造成市场经济格局改变，固有格局被外来经济利益冲击，国内外市场居于同等竞争平台。基于此，国内电子商务市场竞争压力增加，于企业而言，技术、人才、管理、资金等是否先进且到位，都成为制约企业发展的严重因素，企业面临发展压力可想而知。企业不但面对国内日益增长的电子商务，同时还要面临国外先进技术的冲击。而守旧、创新力不足的企业终将被市场所淘汰。二是企业数据与网络安全难以保障。新事物产生往往是机遇与挑战相伴而生。就网络自身而言，去除效益型，网络安全问题也较为突出。企业、消费群体，享用网络信息技术带来便捷性与效益性的同时，对自身信息安全管理控制能力不足，信息盗用与贩卖现象常有发生。而信息丢失极易造成支付安全问题产生。三是信息不对等造成消费者权益保障难。基于电子商务的市场营销模式，本身并不具备透明性，造成消费者难以在线上交易中把握商家信息，产品真实性与好坏难以真实判断。因此，在这样的前提下，买卖双方的交易过程很容易产生问题。四是造成消费者过度消费现象产生。近几年，"月光族""剁手党"等网络词汇风靡一时。事实上，这些词汇真实反映出了电子商务环境下的市场营销现状，是对消费者过度消费的归纳总结。虚拟交易并不会让消费者产生过大的消费心理变化，交易额度必定增加，最终导致入不敷出及过度消费的状态，增加了对有限资源的浪费。

四、市场营销在电子商务推动下的创新发展

（一）立足发展实际，不断转变思想认知

随着社会信息化程度不断加深，企业营销未来，必定亦是与电子商务发展紧密

关联的。因此，企业需不断强化自身电子商务营销发展意识，将此认知与企业营销发展战略结合起来。如此，企业才能在信息化时代获得更好的发展成效。很多企业实际发展中，电子商务营销观念意识并不强，此类企业错误观念认知，为企业整体发展带来严重影响。基于此，企业管理层人才，需不断进行传统或认知观念的改变，从思想意识角度，真正认识到电子商务发展与企业市场营销发展的重要性与积极影响，给予企业信息化发展转变以坚实的支持。当前，电子商务营销较之于传统营销，明显更具便利性与快捷性，及时筛选和获取更多有效客户资源。当然，即便电子商务发展已经较为普及，所取得发展成效亦极为突出。但不可否认，电子商务发展也面临极大的发展机遇与挑战，企业也应紧抓机遇的同时，直面挑战，以期取得更好的发展成效。此外，电子商务发展全面依托互联网信息技术展开，但是当前技术安全方面，仍存在不同程度的问题，企业亦要对此有所认识与重视，树立正确观念，加强基础设备、技术人才投入和支持，只有这样，才能够帮助自身更好地开展电子商务营销。

（二）把握宏观环境，及时构建良好环境

为了促进电子商务营销发展，企业还应树立正确的宏观发展意识，具备较强的大局观念。电子商务要为市场营销发展创造更好的宏观环境，就要兼顾外法内律，既要基于国家相关部门及政策等的引导与帮扶，不断实现基于电子商务的营销法律制度的健全完善，确保电子营销发展更具专业性。一方面，需要国家电子商务发展及市场营销监管部门投入大量监管精力，及时做好电子商务全面调查工作，出台极具实际性和可行性的法律规范，确保电子商务发展得到有效监管，为企业市场营销发展奠定基础，实现现代化市场营销长远发展，保障营销交易平台与渠道的安全性、规范性、流程化。另一方面，企业自身亦需从个体发展角度出发，积极把握宏观意识和大局理念，认识到当前的电子商务大发展背景下，企业自控对自身发展的重要影响。只有全面兼顾，企业才能基于自身实际，结合行业发展现状，做好制度规划建设，强化营销管理，搭建完善流程化与标准化管理模式，提升企业自身管理水平，全面推进企业发展，保障企业在电子商务背景下的市场营销安全稳定，降低企业发展风险，促进企业进一步发展。

（三）围绕发展根本，培养更多创新人才

基于电子商务的现代化市场营销发展宏观大背景，企业在不断强化观念认知后，在不断投入资金、设备等方面资源的同时，专业电子商务运行管理及市场营销发展人才队伍建设，亦应提上日程。只有不断加强人才队伍建设，充分认识到当地社会竞争，本质上是人才的竞争，基于电子商务的市场营销发展才能取得更显著的发展成效。随着全球化发展趋势不断加强，未来，激烈的竞争中，人才优势是企业提升实力，赢得竞争不可或缺的关键因素。一方面，企业要及时对当前所沿用电子商务及市场营销相关人才进行录用机制突破，适当提升人才准入门槛，多方综合考虑录用人才能力，确保人才兼顾技能与素养。当然，具体人才录用过程中，企业可选用自身面试选取的方式，亦可借助于猎头公司等各类渠道进行专业人才引入。另一方面，人才引入后还需重视人才后续的培养与价值开发，不断提升对应人才管理与创新操作能力和意识，让人才与社会发展实际紧密关联。此外，还可通过制度来保障相关的人员在电子商务营销方面的积极性。例如，通过有效的绩效考核，对于日常企业进行电子市场营销中所销售产品的份额，给予相关电子营销人员一定的比例分成，让他们在工作时更有动力，更有积极性。

（四）坚持与时俱进，着眼市场营销创新

首先，产品质量提升与创新策略需增强。在当前的互联网信息技术时代，电子商务平台与渠道，为消费者提供了更多的产品选择空间，也吸引越来越多的同质类产品生产企业加入其中。因此，消费者可自由基于电子商务平台与渠道进行需求产品选择与购买。此类产品产地不一，材料、工序、工艺、价值等大同小异，企业要在巨大竞争漩涡中脱颖而出，获得突破性发展，自身产品质量优势突出，这样才能满足消费者多样化需求。基于此，再借助于新型营销手段，推广自身产品就可以达到企业销售发展目的。例如，很多采用电子商务营销的企业在产品售卖后，会引导消费者进行产品体验评价，并将评价意见反馈至生产和质量监管部门，不断进行优化完善，以提升消费者产品消费满意度，对于消费者提出的可行性建议，企业会及时采纳，并给予消费者一定奖励，企业与消费者之间达成有效沟通，最终实现双向获利。其次，产品与服务质量至关重要，但产品价格不容忽视。企业应依据消费者实际情况进行制定，再基于市场与企业自身进行科学定价。价格展示，应给予消费

者全新感受，既可允许分期购进，亦可进行先体验后购进，此类价格创新，都便于企业产品进一步售卖。最后，基于产品质量与价格，企业产品营销策略也需改革创新。除了将更多营销创意融入产品推广营销中，还可借助于组合营销、单一营销等方式进行，在销售完成之后也要做好售后服务，给消费者更好的体验。

（五）重视电商发展，持续转变营销策略

当今时代是日新月异的时代，电子商务发展对社会的影响已经影响至社会方方面面，企业要在此种市场发展环境下，获得更多生存发展资源，谋取更多生存利益，必须不断对自身营销策略进行调整与适应，紧随经济市场发展脚步，基于此，企业才有望在现代化商业经济洪流中争得一席生存之地。首先，企业需要不断进行改革学习，深入明确电子商务对平台与渠道，对企业自身发展的积极作用，让自身的企业电子商务平台与渠道重视程度加深，并在电子商务平台与渠道搭建完善方面有所重视与投入。其次，企业还需真正明白电子商务对于当前市场营销机制方面存在的影响，以企业实现现代化电子商务发展作为未来企业发展的重要战略目标与发展方向，深挖并充分利用企业自身产品和服务的优势与特点，将电子商务发展现状作为突破口，实现营销计划制定的因地制宜，进而达到企业竞争优势提升目的。最后，企业还需注重营销组合策略制定，重视营销实施计划灵活性，以便营销策略充分满足适应性和用户个性需求。企业可以针对目标市场需要，对自身可控制产品质量、包装、服务、渠道、广告等各种营销要素的优化组合和综合运用，促进要素之间协调配合，扬长避短，发挥优势，以便更好地实现营销目标。

（六）遵循个性理念，提升客户情感体验

企业发展中需要充分认识到时代发展至今，单纯或单一产品与服务，俨然不能再高度满足现代化社会消费群体消费需求，情感消费时代背景下，消费者购买产品与服务，不再一味重视产品与服务数量、质量及价格，而是深层次寻求购物体验与情感满足，以获得产品消费心理认同为最终消费需求与目标。基于此，企业需从消费者对产品与服务的情感需求入手，唤起和激发消费者情感需要满足，诱导消费者心灵上的共鸣，寓情感于营销之中，让有情的营销赢得无情的竞争。企业只有时刻掌握并实时遵从消费者不断变化的产品与服务消费心理，进而进行市场营销理念转变与调整，才能够通过生产更多畅销产品与服务，来帮助企业适应现代互联网经济

背景下的电子商务市场发展变化，取得更好的发展成果。此外，企业还应重视消费者产品体验。当今时代，消费者消费中情感需求占比逐渐攀升，消费需求逐渐呈现出"差""个""多"等特点，消费者价值观与信念迅速发生转变，消费者需求关注度日趋由产品利益向情感利益转变。因此，企业在遵循现代消费理念时，需高度重视消费者消费体验，产品服务提供既要满足消费者功能需求和基本需求，良好客户体验需求亦需高度重视与满足，让消费者切身感受到企业的优良服务。消费者"敢服务""爱服务"，企业才能获得长远发展。众所周知，电子商务为市场营销方式带来翻天覆地的变化，在提高销售效率的同时，也对企业提出了更高的要求，当代企业只有适应电子商务的变革，整合适合自己的营销方式，才能不断适应市场需求，迎接时代的考验。另外，基于个性化发展理念转变与应用，企业还应重视自身优质品牌建立，以品牌之优带动产品与服务之优，将企业产品与服务个性化发展理念充分显现出来。在"互联网+"市场经济环境下，无论大小型企业，但产品与服务创新不足时，必定会被当下激烈市场竞争压制发展，甚至淘汰出局。鉴于此，处于电子商务发展环境下的企业就需以提升品牌与服务创新质量与效率，打造优质企业品牌，来达到全面进步发展的目的。优质品牌囊括了企业整体的形象、实力及发展优势特色等，充分将企业对"个性化"的追求得以彰显。而企业要搭建优质完善的品牌，一方面，必须具备极高洞察分析能力，能够及时高效掌握第一手消费者需求与需求走向资料，力争第一时间"上新"，让企业以最前沿的产品，引领行业前行，获得社会认可。另一方面，对于企业现阶段已有产品与服务，也应及时进行优化改进，领军现有"同质"产品，成为其他品牌争相学习榜样，以"口"传"口"，达到企业优质品牌建立的目的，不断完善产品功能，提升产品附加值，让产品实现审美、应用与消费者情感满足等多方价值集中与体现。

（七）完善信管体系，搭建优质信用平台

一直以来，真实的消费体验告诉人们，电子商务是一种以虚拟化为最基本特征的现代化商务活动，而受这一基本特征影响，无论规模大小的商务活动，都需在此类环境下进行，交易活动所需信用需求满足，成为电子商务经济最基本的要素与前提。因此，信用管理体系成为电子商务发展必不可少的道德与法律保障。如此，建立健全电子商务信用管理体系，成为当前电子商务发展中的关键与核心。电子商务信用管理体系面临问题与挑战，也逐渐成为重要的制约电子商务经济发展的重要因

素。为了进一步强化企业信用管理体系，确保体系建立健全，企业需通过一系列市场调研，对电子商务消费者展开深入沟通和频繁交流，在交流过程中，利用大数据分析以及信用管理基本方法，对企业自身信用额建设提出反思和改进，使企业自身信用管理体系更加具有保障和说服力。另外，信用管理基本底线是不能泄露消费者在互联网活动中所形成基本社会关系和相关信息。因此，对于消费者消费数据，要具有专门档案数据库，完成信用管理。此外，在电子商务活动中，商家要确保客户或者消费者，在电子商务平台中进行资金交易与信息交易基本安全性，这是交易双方最基本消费基础，目前国内多是采用通过国家认可的具有可信度的第三方支付系统。

随着互联网不断进步发展，当前企业发展中一定要充分遵循自身发展实际，进行市场营销方式优化，在电子商务背景下通过立足发展实际，不断转变思想认知、把握宏观环境、及时构建良好环境、围绕发展根本、培养更多创新人才、坚持与时俱进，着眼市场营销创新、重视电商发展，持续转变营销策略、遵循个性理念，提升客户情感体验、完善信管体系，搭建优质信用平台等策略，让自身谋求更好的发展机遇。

第四章　电子商务背景下市场营销的发展

第一节　"一带一路"下跨境电商市场营销分析

"一带一路"倡议的国际认可度在近年来不断提高，越来越多的国际组织、地区以及国家都参与到"一带一路"建设中，扩大了我国的经贸合作规模，与此同时，也为跨境电商发展提供了机遇。国家也出台了相关政策，扶持跨境电商发展。目前，我国与乌克兰、墨西哥、印度、俄罗斯、巴基斯坦等国家的跨境电商进出口业务量不断增加，但消费者权益保护、海关政策、消费者文化等因素，也为我国跨境电商营销带来一系列挑战。因此，作为跨境电商企业，必须对市场营销策略进行创新和改进，以减少交易纠纷，实现跨境电商的可持续发展目标。

一、跨境电商发展特征分析

跨境电商，主要就是指跨境电子商务，具体指不同地区和国家的交易主体，通过电子商务平台，进行物流、支付、结算以及交易等商业活动。进入经济全球化时代，受到信息技术的影响，跨境电子商务发展十分迅速，同时也呈现出很多全新特征，具体阐述如下：

（一）全球化特征

互联网时代，为电子商务活动的发展提供了便利条件。它打破了电子商务在时间和空间上的界限，企业可以灵活、自如地对现代互联网技术进行应用，充分发挥其无边界性和开放性特征，在全球范围内推广产品，促进跨国贸易的多层次、宽领域以及全方位发展。与此同时，各种电子商务平台，还能帮助消费者摆脱国界限制，对于想要购买的商品，无须浪费时间成本远赴海外，只需动一动手指即可，贸易双方可直接进行沟通和交流，开展各种贸易行为，极大简化了跨国贸易过程，密切了双方之间的关系，实现了商务信息的优化共享，而这些都充分凸显了跨境电子商务发展的全球化特征。

（二）无形化特征

在以往的国际贸易中，贸易双方基本上都是通过票据支付、签订协议、签订合同等方式进行合作，这些都要在书面上完成，是一种比较常见的有形交易行为。但在跨国电子商务贸易模式之下，以上行为都可以通过信息技术和互联网技术进行取代，在很大程度上加快了服务以及产品的数字化发展进程。在交易行为上，双方都摒弃了复杂繁琐的书面形式，真正实现了无纸化交易行为。例如，交易双方可以借助电子邮件和电子商务平台，对商品信息进行共享或进行沟通和交流。通过这种方式，不仅能够节约大量的成本投入，同时也大大提升了信息传输速度，提高了产品交易效率。除此之外，跨境电子商务还打破了传统交易模式的束缚和限制，对国际贸易商品种类进行了丰富，能够充分满足消费者的多样化、个性化购物需求。

（三）多边化特征

在以往的商业贸易形势下，由于国际经济贸易活动经常会涉及两个地区或国家之间的双边贸易，会在很大概率上出现经济阻碍的问题。但在跨境电子商务模式下，通过电子商务平台，能够促进双边贸易向多边贸易模式发展，具体内容包括资金、信息、物流等等，从而也能实现在以往的线性国际贸易基础上，进行网络化发展。例如，某跨境电商在与其他地区或国家开展贸易活动的过程中，可以对 A 国的物流平台、B 国的交易平台以及 C 国的支付平台进行应用，充分凸显了跨境电子商务的多边化特征。

（四）时效性特征

在以往的国际贸易中，信息发送、信息接收以及交流方式等都会受到地理、空间条件的影响和限制，从而也会对交易的时效性产生直接影响。在国际贸易中，时效性问题至关重要，一旦出现时间滞后的问题，汇率极易发生变化，从而导致严重的经济损失。但在跨国电子商务模式之下，以上问题能够得到有效解决，通过电子商务平台，能够有效避免交易模式在地理空间上的束缚和影响，真正实现了实时性交流。借助现代化互联网技术，在交易过程中，只要甲方发出信息，乙方就能够在第一时间接收到，并及时作出反馈，从而也在很大程度上确保了国际贸易的时效性。与此同时，在跨国电子商务发展过程中，由于省略了交易的中间商环节，实现了商品从生产国直接向消费国运输的目标，大大提升了交易效率。

二、跨境电商对传统营销模式的影响

在传统的国际贸易中，国与国之间的商品流通经常要经过设计生产、寻找客户、切磋协议、合同签订、产品运输等流程。商品在到达进口国海关之后，还要经过层层分拣，最终才能到达消费者手中。经过以上流程，不仅会浪费大量的交易成本，同时也很难产生理想的经济效益。由于交易流程过于繁琐，从而也对交易效率产生了直接影响，无法保障对贸易时效性，同时也会额外造成大量的经济损失。随着现代化信息技术的不断发展，电子商务在人们的日常生活、生产中扮演着十分重要的角色。在国际贸易中，借助电子商务平台，能够促进跨境电子商务业务的顺利开展。当前的电子商务技术借助互联网技术，交易双方可进行直接交流，同时还能对客户商品进行精准搜索，不仅节约了大量的交易时间，还能节约交易成本。同时，在电子商务环境下，借助网络信息渠道，能够顺利开展商品营销活动，直接省略了批发商、零售商的环节，对于产品生产方经济效益的提高很有帮助，同时也能为消费者节约很多购买费用。总之，跨境电商有效弥补了传统国际贸易在时间和空间方面受限制的问题，也弱化了贸易保护主义及贸易壁垒的影响，大型的跨国贸易企业也可对海外分支机构进行适当缩减，保留其仓储功能，通过这种方式，能够节约大量的海外运营成本，与此同时，也能充分满足跨境电子商务发展需求，加快了企业盈利模式创新和改变。对于中小型企业而言，也为其提供了与大型企业平等竞争海外市场的机会，有利于国际市场的开拓。例如，近年来以进出口贸易为主并在福州、上海等地完成注册的电商，就是十分典型的跨境电子商务代表。

三、"一带一路"倡议为跨境电商发展带来的机遇

（一）为跨境电商提供了广阔的国际市场空间

目前，"一带一路"倡议已经得到了全球 100 多个国际组织、地区以及国家的

支持和响应。在该倡议的推动之下，也加快了我国与沿线国家的跨境电商合作，交易纠纷日益减少，为我国跨境电商发展提供了更加广阔的国际市场空间。在"一带一路"倡议的引导之下，也加快了跨境电商多边贸易发展，不同国家之间可以进行直接交易，简化了复杂的中间环节，节约了大量的销售成本，同时也使跨境电商的市场竞争力得到进一步提升。"一带一路"沿线国家经济发展普遍落后，依靠本国生产能力很难满足消费需求，我国跨境电商所销售的美容产品、服装、电器等商品物美价廉，受到了海外用户的广泛喜爱和青睐，跨境电商市场前景日益广阔，贸易额逐年增加。

（二）有助于打破跨境电商贸易壁垒

在"一带一路"倡议之下，我国与多个国家建立了贸易往来，真正实现了贸易自由，关税也在逐年降低，这对于跨境电商贸易壁垒的消除很有帮助。但就目前实际发展现状来看，受到绿色产品质量标准、海关物流、税收制度、消费者权益保护等因素的影响，要想彻底消除跨境电商的贸易壁垒还需要一段时间。通过"一带一路"倡议合作，我国能够与其他国家对双边或多边跨境电子商务建立合作机制，及时消除贸易壁垒和交易障碍，本着互惠互利的基本原则，共同对纠纷解决的办法进行商讨，实现了对跨境电商发展障碍的进一步消除。《金砖国家电子商务合作倡议》政策的实施，对于跨境电子商务合作障碍的消除很有帮助，同时也大大提升了中小型企业的参与度，为企业节约了大量交易成本，随着跨境贸易壁垒的逐渐消除，跨境电商也会更加快捷、高效地发展。

四、"一带一路"倡议下跨境电商市场营销所面临的挑战

首先，"一带一路"倡议之下的跨境电商市场营销，也对复合型营销人才提出更高要求，不仅要精通多门语言，同时还要具备专业的营销知识。关于国际市场营销，营销人员所要具备的专业知识主要包括以下几个方面：第一，熟练掌握电子商务营销规律、流程，能够对互联网营销、新媒体营销等手段进行灵活应用；第二，对消费者所在国家的文化传统以及语言文字比较熟悉，避免在贸易往来的过程中出现失礼的现象；第三，了解国际通关程序和物流体系。在跨境营销的过程中掌握英语语言固然重要，也要掌握阿拉伯语、西班牙语、俄语、德语、法语等多门语言，

只有这样才能确保营销活动的顺利开展。

其次，在跨境电商市场营销过程中，经常会遇到很多不同的法律规定，而这也在无形之中增加了贸易摩擦现象的发生概率。跨境电商营销需要面对 100 多个地区、国家以及国际组织，不同的国际组织、地区和国家有着不同的法律规定。在"一带一路"倡议之下，虽然跨境电商业务发展迅速，但在税务、国际标准、消费者权益、产品质量以及法律支持等方面也暴露出很多问题。以日本核污染重灾区产品流入我国为例，这严重侵犯了我国消费者的健康权和知情权，同时也在无形之中增加了跨境电商成本，对跨境电商企业的品牌形象造成影响。再例如，在跨境电商市场营销过程中，经常会遇到消费者退换货问题，跨境电商原产国厂家和中介企业在维权和沟通的过程中，很容易发生法律纠纷。在近年来的国外市场，我国的钢铁跨境电商频频遭到反倾销调查，既增加了贸易摩擦，同时也使跨境电商运营成本大幅度增加。

最后，在"一带一路"跨境电商市场营销过程中，经常要面临多元化的消费者文化，对跨境电商市场营销产生一定影响。"一带一路"沿线国家涉及西欧、中欧、东欧、中东、东南亚等等，不同地区和国家有着不同的文化信仰、民族习惯和风土人情。与此同时，在沟通方式和社交礼仪方面也会存在很大差异，不同地区和国家文化在碰撞的过程中难免会产生冲突。作为一名优秀合格的市场营销人员，在跨境电商营销过程中，必须对中国传统文化进行积极宣传，传播中华民族艰苦奋斗、勤劳朴实的优良作风，以彰显大国智慧，树立良好的国际形象。

五、"一带一路"倡议下跨境电商市场营销战略创新途径

（一）培养优秀杰出的复合型市场营销人才

在"一带一路"倡议之下，跨境电商企业也要对市场营销人才培养模式进行创新，通过多种方式挖掘或聘请精通多门语言的复合型市场营销人才。首先，跨境电商企业可以通过人才引进或者招聘的方式对熟悉跨境电商市场营销、具备语言优势的复合型人才进行聘用，帮助企业快速打开国际市场。其次，跨境电商企业可与外语专业优秀毕业生以及专业外语院校展开合作，挖掘精通俄语、英语、法语、西班牙语、德语、葡萄牙语等语言的人才，对其开展跨境电商市场营销培训，使其成为

专业的市场营销人才。最后，强化内部挖掘，虽然"一带一路"倡议涉及很多的国际组织、地区和国家，但对于那些与我国接壤的地区和国家，也在语言应用上与我国个别地区方言存在相似性。以缅甸、泰国等国家某些边境城市为例，其使用的语言与我国广西壮族自治区的方言比较相似，基本能够进行无障碍沟通和交流，跨境电商企业内部有这方面的人才便可直接派上用场，以达到节约人力资源开发成本的目的，充分发挥人才优势。

（二）强化不同法律教育与培训

作为跨境电商市场营销人才，其必须要对"一带一路"沿线国家的法律法规有所了解，以减少跨境电商运营风险。首先，要对不同地区和国家的消费者权益保护法规有所了解。在跨境电商出口营销过程中，销售人员需要结合消费者所在国家的法规，制定差异化保修和退换货政策；在跨境电商进口营销过程中，需要对产地国家的退换货期限、流程和政策有所了解，以实现对国内消费者权益的有效保护。其次，无论是进出口营销都要做到公开、透明，维护消费者知情权，对产品的售后服务、质量标准、成分、退换货政策等都要进行详细的确认和沟通，提前商定矛盾解决办法，以最大限度减少贸易纠纷。最后，还要对"一带一路"沿线国家的税收制度进行研究，以确保所售卖的商品符合规定，同时还要积极应用这些国家的优惠政策，节约成本支出，在提升商品利润的同时，不为消费者增添负担。

（三）实施多元文化教育

在对跨境电商市场营销人才进行培训的过程中，要强化多元文化教育。文化具有多元性特征，作为跨境电商市场营销人才，其必须要对不同地区和国家的文化价值观充分尊重，这样才能进行平等的交流与沟通。在开展跨境市场营销的过程中，还要处理好本国文化与多元文化之间的关系，对"一带一路"多元文化价值观加以尊重，通过对中国传统优秀文化进行传播，实现其与市场营销的有效融合。例如，在对品牌进行推广时，可对品牌的文化寓意和底蕴进行重点阐述。"一带一路"沿线涉及众多的国际组织、地区和国家，跨境电商市场营销人才必须要对这些地区和国家的文化传统有所了解，同时还要对这些文化与市场营销之间的关系进行系统化分析，借助现代化先进网络技术对跨境市场营销情景进行模拟，使市场营销人才能够在较短的时间内适应不同的营销环境，随机应变。

"一带一路"倡议的实施对于我国跨境电商市场营销而言有利有弊，要想更好地发展跨境电商市场营销，我国跨境电商市场营销企业就要从复合型人才培养、实施多元文化教育、强化不同国家法律教育培训等方面入手，提高跨境电商市场营销人员的专业能力和水平，以减少贸易纠纷，促进跨境电商的长久稳定发展。

第二节　市场营销与电子商务专业交叉融合

在以信息技术为引领的新科技革命的推动下，人类社会已经从工业时代进入信息时代。与此同时，随着我国改革开放的不断深入，社会经济发展的宏观环境发生了根本性变化。在这样的社会发展格局下，我国高校本科专业人才培养模式的不适应性与弊端日益显现，高等教育界对在计划经济体制下形成的专业教育理念的质疑和批判越来越多，国家教育行政部门也逐步改变其政策导向，高等教育的全面改革因此展开。在各种改革的探索中，专业教育模式的改革成为重点内容，许多高校围绕社会对人才的需求，对从培养目标到教育内容再到培养模式进行了持续不断的调整与改革。在这些改革中，对于克服单一分科教育的弊端，交叉学科教育成为探索的路径之一。

2015 年 11 月，国务院出台《统筹推进世界一流大学和一流学科建设总体方案》，"双一流"建设成为我国高等教育改革与发展的国家战略和重要议题，方案将"引导和支持高等学校优化学科结构"作为"双一流"建设的基本原则之一，这为高校开展交叉学科教育的改革提供了最高政策层面的支持。

本节以中南财经政法大学为例，以分属管理学科不同专业类的电子商务和市场营销专业为对象，对两个专业交叉融合的人才培养模式进行深入研究，揭示并分析两个专业在分科教育的人才培养模式下教学体系与教学模式存在的问题，围绕专业交叉融合教学改革的必要性、改革思路与探索实践进行探讨，诠释专业交叉融合对培养满足信息时代社会经济发展所需复合型人才的可行性和实现路径。

一、国内外交叉学科研究现状

交叉学科的概念最早可追溯到 20 世纪 20 年代，美国社会科学研究促进委员会（SSRC）首次使用"interdisciplinarity"（跨学科）的概念来描述两个或多个专业组织进行的合作和交流。后来的研究认为：交叉学科活动是指两个或以上学科交互的行为，这种行为包括从广阔的领域下简单的思想交流，到各种概念、方法、过程、认识论、术语和数据的整合，以及研究与教育的重新组构；交叉学科可以理解为学科之间相互联系的过程以及由此带来的结果，在实践中表现为研究、教育和管理上进行的各种跨越学科界限的活动。尽管表述各异，但在内涵上有许多相似之处，即交叉学科是一定时期由不同学科或不同领域交叉渗透、彼此结合、相互吸收而形成的新兴学科。

我国对交叉学科的研究起步较晚。1956 年在钱学森等人的倡导下，中科院成立了运筹学研究组，交叉学科研究由此起步。1985 年 4 月首届交叉学科学术讨论会在北京召开，标志着交叉学科的研究步入正轨。为帮助人们正确认识交叉学科，学者们围绕交叉学科的概念进行了深入的研究。李光和任定成在《交叉科学导论》一书中，对交叉学科与交叉科学进行了分析，从交叉科学兴起的历史背景、形态及元研究，在科学体系中的地位和作用、社会功能、形成机制和发展模式以及交叉科学研究的基本方法与发展趋势等七个方面进行了论述。刘仲林则从古今中外多个角度对交叉学科的概念和分类思想进行了阐述，并按交叉程度由低到高排列，将交叉学科分为比较学科、边缘学科、软学科、综合学科、横断学科、超学科六种，在此基础上围绕交叉学科的各个方面，对交叉研究、交叉教育、交叉人才、交叉方法、交叉思维、交叉之道等进行了全面的论述。这些研究对人们认识交叉学科和进行交叉学科研究具有很好的参考和借鉴价值。

综合国内外的研究发现，对交叉学科的研究尚未形成统一的范式，大多属于经验性科学研究，其理论、方法以及概念还多限于直观经验，有待理论上的凝练。在科技进步和社会经济发展的推动下，交叉学科的发展呈现全方位、多层次、大跨度等特点。对交叉学科的研究日益受到人们的重视，研究的领域也越来越广泛，从理论研究到应用研究，范围也从两个学科发展到多个学科，许多高校先后建立了专门的交叉学科研究机构，开展交叉学科的研究和交叉学科人才的培养。

二、市场营销和电子商务专业人才培养模式面临的时代挑战

（一）专业概况

在教育部制定的《普通高等学校本科专业目录》中，市场营销和电子商务均属

管理学学科，但前者属工商管理类专业，后者为电子商务类专业。两个专业按各自的专业知识体系、基础理论、研究与应用领域，确立了具体的专业人才培养目标，并建立了相配套的课程体系，由此也形成了两个专业在课程设置、教学方法与手段等方面的特点和差异。

20世纪80年代中期，随着我国市场经济的建立和发展，中南财经政法大学成为国内首批设立市场营销专业的高校。经过30多年的发展，该专业已为国家培养博士、硕士及本科等不同层次的营销专业人才5000多人，承担100多项国家和省部级科研项目，出版教材20余部，获多项国家和湖北省科研及教学成果奖项，并于2019年成为国家级一流本科专业建设点。在营销策划、消费者行为、品牌管理以及案例教学等领域形成了一定的研究优势。

电子商务是中南财经政法大学于2002年开设的新兴专业，经过十几年的发展，该专业已为国家培养出硕士和本科层次的电商专业人才2000多人，先后完成国家和省部级科研项目20多项，出版教材7部，并获湖北省教学成果一等奖等多个奖项。作为新兴的本科专业，虽然办学时间不长，但经过专业教研室全体教师的共同努力，积累了不少与本校经、法、管学科特色相契合的，适合国内电子商务发展需求人才培养模式的经验。2021年初，该专业成为湖北省一流本科专业建设点。在新兴信息技术不断创新、国家实施"互联网+"行动计划、电子商务不断渗透各行各业的时代背景下，持续提升专业人才培养的能力，成为电商专业面临的艰巨任务。

（二）电子商务的发展需要复合型人才

进入21世纪，随着互联网的普及和电子商务的发展，网上消费逐渐成为人类社会的生活常态，互联网引发的商业模式变革随即也带动了企业经营方式和管理模式的变革，越来越多的企业开始了互联网转型。由此带动了社会对电子商务专业人才需求的增长，许多企业都提出了招聘"从事电子商务业务""网络营销策划""网络广告运营"等方面专业人才的需求。据2002~2012年对高校毕业生就业市场和就业情况的跟踪调查，许多企业所需的电商人才是从事互联网环境下相关业务运营和营销策划的管理型人才，而非电商系统开发与网络维护的技术型人才。从中南财经政法大学市场营销专业的毕业生实际工作情况来看，那些在学校学习过电子商务相关课程、掌握有关知识与技能的营销专业毕业生，大多能顺利应聘，并能胜任企业相关岗位的业务工作。因此，为提升毕业生的就业竞争力，市场营销专业及时调整专业培养方案，将培养"具备营销管理与策划，掌握电子商务技能的新型市场营销专业人才"纳入人才培养目标。此举有助于拓宽毕业生的就业面，增加就业机会，也为他们今后从事相关经营管理工作奠定了能力基础。

电子商务专业也遇到了类似的问题。2002 年该专业第一个全程培养方案中的人才培养目标是：培养"在电子商务环境下从事经营活动的管理人才"。但在随后几年的跟踪调查中发现，随着越来越多传统企业的互联网转型，电子商务及相关在线经营管理活动相继开展，线下传统经营与线上经营间的机构职能、业务流程、管理理念、经营观念等各种矛盾逐渐显现。尽管原因是多方面的，但一个共性的问题是，大多数企业未能有效地实现将传统模式转型为互联网模式，造成传统业务与在线业务"两张皮"，线上线下模式间未能实现相互协调和有机整合。推动实现传统业务与互联网业务的有机整合，是对电商专业人才素质提出的新要求。于是，电子商务专业调整了全程培养方案，人才培养目标定位为"培养各行各业的企业及机构在互联网环境下开展经营活动的复合型管理人才"，并在教学方案中强化了经管类理论与信息技术在电子商务应用中的结合。

（三）信息时代对复合型人才的新要求

信息时代的经营管理者必须是具备较为广博的多学科知识、拥有较强专业素养和能力的复合型人才。这种复合型人才不是所谓全能型人才或"通才"，而是掌握交叉学科的基础理论知识和专业技能，具有能将不同学科知识相互融通并创造性地运用，即用创新的思维来解决所遇到的问题的人才。具体对于从事营销和电商相关工作的人员来说，新产业、新业态、新商业模式的"三新"经济活动，改变了传统的产业及企业经营模式、商业模式，改变了营销手段与工具，改变了商业思维、服务理念以及消费观念和行为。因此，自己若不更新经营观念，不改变商业思维，不熟悉和掌握"大智物移云"技术中与所从事业务相关的技能，肯定是难以胜任工作的。

社会对营销和电商专业人才需求的结构性变化，直接对市场营销和电子商务两个专业在人才培养方面提出了挑战，"掌握电子商务技能的新型市场营销专业人才"和"在互联网环境下开展经营活动的复合型管理人才"的培养目标显然难以满足新时代的人才需求。面对时代的挑战，市场营销专业如何发挥自己专业的既有优势，电子商务专业如何继续进行新的探索，以培养能满足时代发展需求的新型复合型人才，是两个专业共同面临的重要课题。本节选择了合作研究的课题——通过两个专业交叉融合的教学体系改革，探索一条培养高素质复合型人才的可行之路。

三、专业交叉融合探索的主要目的和基本思路

专业建设是高校学科建设的重要内容之一，其主要作用：一是提高学校人才培养能力和学科发展水平；二是培养学生的专业素养，提高综合素质，增强其就业竞争能力。按照中南财经政法大学确立的培养"厚基础、宽口径、高素质、重创新"复合型人才的目标，本节是在现行学科体系和专业建制下，通过专业交叉融合进行的专业建设探索，因此主要将围绕如何提高人才素质进行研究。

（一）主要目的

通过对市场营销与电子商务专业交叉融合的探索与实践，为培养适应信息时代发展需求，具有较高专业素养、综合素质和创新精神的复合型人才摸索经验，力争建立一套切实可行的人才培养实施方案。

这里的专业素养是指具有扎实的交叉学科专业基础理论知识和较强的实操能力，在深度上擅长一个专门的领域，在广度上了解若干个不同的学科，通过不同学科知识和能力的融合实现对原来的知识和能力的超越。能融会贯通不同学科专业知识并创造性地应用，即能以创新的思维方法来分析问题、解决问题，是较高专业素养的重要标志。

综合素质是指除了要具有较为广博的学科专业知识外，还应具备良好的心智，包括团队精神、协作能力、自我学习能力、共情能力、清晰思维和批判思维的能力；具有理解不同价值观念、不同制度下其他文化的能力；掌握准确交流的方法；具备良好的职业道德；等等。值得一提的是，美国高校在尽可能使学生学习和掌握专业知识的同时，还注重培养他们应对当前和未来挑战所需的反思性实践（reflective practice）、批判性思维（critical thinking）和系统思维（systemic thinking）等方面的技能。因此，本节认为这些技能也应作为复合型人才的综合素质之一。

复合型人才应具有创新精神。在信息时代，知识的价值正发生着深刻的变化，重复和应用已知的知识所创造的价值较低，较高价值的创造必须通过创新才能实现。这只有具备创新精神的人才能做到，它是激励人们敢于创造、勇于创造的一种

胆识与气魄。

要满足上述复合型人才的培养要求，就必须建立一套适合专业交叉融合的教学体系，这需要围绕教学理念、教学目标、教学主体、教学内容、教学方法及手段、实验与实践教学等要素进行一系列的改革与创新。

（二）基本思路

根据中南财经政法大学的实际，借鉴国内外学科交叉融合的做法，本课题的实践探索将从制定市场营销与电子商务专业的人才培养方案入手，围绕教学体系的建设与完善，在专业交叉课程及课程群的设计与开发，教学模式与方法改革，教学团队、教材建设，教学手段及方法的改进与创新，以及实验教学改革和实习基地的建设等方面进行深入的研究与探索。

1. 调整人才培养方案

根据专业交叉融合的人才培养目标，以优化市场营销和电子商务两个专业的人才培养目标为指导，调整各自的专业全程培养方案，在此基础上制定与专业交叉融合相适应的教学体系。

根据国外高校的经验，学科交叉与知识融合的人才培养机制建立，要经历一个不断完善的实践过程，并呈现"反思探究"的特点，即不断地总结和反思教学过程中出现的问题和不足，经过不断的改进最终形成一个相对合理的教学体系。因此，专业全程培养方案的调整和对应教学体系的建立也将是一个在探索中持续改进、优化和完善的过程，"反思探究"将贯穿始终。

2. 优化课程设置

按照复合型人才培养和专业交叉融合教学体系的建设理念，调整专业课程结构，优化课程设置。

为此，应改变以两个专业各自的专业课为轴心来设置专业基础课的惯例，拓宽专业基础课的范畴。以开设选修课程的方式，增加专业基础和专业课程的数量，同时适当减少专业必修课程的门数和教学时间，增加专业选修课程比重，提高学生选课的自由度，实现从片面强调社会需求向注重社会需求与兼顾学生志趣和个性化需求的课程设置机制转变。在设计专业交叉融合选修课程的过程中，应精心策划课程的内容，尽可能避免或减少相关课程内容上的重叠比例，提高课程的学习效果。

3. 改革教学模式与教学方法

国内外高校的实践证明，交叉学科的教育和人才培养理念及模式与传统单一学科相比有很大差异。因此，在专业交叉融合的教学中，教学模式和方法也不能继续沿用单一学科统一化、标准化的教学模式，而是要探索多元化教学模式，并进行教学方法的改革与创新。

教学内容需要教师用有效的教学方法和手段传递给学生，并激发他们的想象力和创造力。因此，除摒弃课堂教学中"填鸭式"的知识灌输模式，强化案例教学、协作式学习等方法外，应积极推行以建构主义为基础、以探究式学习为主导的教学法，并积极尝试个性化培养与团队协作学习相结合等教学模式，实现以学生为主导、以能力培养为核心的教育理念。

4. 完善教学体系

这是实现专业交叉融合教学探索取得良好绩效的重要措施，将着重围绕教学团队建设、教学资源开发与使用、实验与实践教学改革等方面进行探索。

专业交叉融合的教学任务主要由两个专业的教师共同承担。根据国内外高校的实践，教师以团队形式共同教学是较好的模式，这种具有多学科结构的教师团队应当根据课程所应达到的知识集成与融合程度制定教学实施方案。对于教师个人来说，具备多元的知识结构当然是最理想的，而实际操作中，通常主要强调他是否具备跨学科的研究思维和宽阔的学术视野，以及协同合作理念，而不是要求他精通各个学科。

专业交叉融合对教学资源的丰裕程度提出了更高的要求。因此，借助信息化手段整合线上线下教学资源，扩大数字资源的供给，探索开放学习机制的实现，推进智慧教学环境的建设等，都是要逐一去做的工作。

在教学中，理论教学为实践教学提供知识储备和机理支撑，实践教学则为理论教学提供实验保障和技术支持，它们共同构成了教学活动的有机整体。因此，专业交叉融合的教学体系中尤其要强化实践教学环节，包括实验课程的开设、实验项目的开发、校内外实践与实习基地的建设等。市场营销和电子商务两个专业在实验教学方面具有互补性，电商专业可以在实验教学方面发挥既有的优势，需要解决的问题是如何根据专业交叉融合的教学要求开发和优化实验教学项目。这些任务需一项项落实。

四、专业交叉融合的实施路径探索

（一）修订本科专业全程培养方案

2016年，根据学校提出的"进一步拓展我校'融通性、创新型、开放式'的人才培养特色的内涵"和"通过新版培养方案的制定规划出我校各专业科学可行的'宽口径、厚基础、高素质、重创新'复合型人才培养路径"的指导思想，以及"培养目标要定位精准，彰显特色；坚持以学生发展为本，促进学生个性化发展；加快知识更新，优化课程体系"等基本原则，按照专业交叉融合的思路，两个专业分别修订了各自的本科专业全程培养方案，这为后续开展的专业交叉融合实践探索，起到了纲举目张的作用。与旧版全程培养方案相比，新的全程培养方案有两大特色。

1. 复合型人才的培养目标具体且清晰化

修订后的市场营销专业的人才培养目标是：培养适应市场需要，厚基础、宽口径、重应用、强能力，富有创新意识、数据思维、共情能力，面向工商企业、金融机构、互联网公司、创业组织、政府部门，具有良好的职业道德的跨界型、融通型人才。

电子商务专业提出的人才培养目标是：培养具有创新意识、数字思维、信息化技能和良好职业素养，懂经济、擅管理、知法律、通技术，能在现代服务业、新兴战略产业及传统企事业单位与政府部门从事电子商务相关工作的复合型专门人才。

两个专业在培养目标中都突出了"创新意识"和"数据思维"，这是信息时代对复合型人才的基本要求。培养目标还根据各自专业的学科背景，对培养的复合型人才应具有的素质、就业去向等做了具体和清晰地描述。这是考虑到我国产业结构和职业类型调整，对所需人才的素质和能力要求发生变化的现实；是顺应社会经济发展需求做出的必要修订，新的人才培养目标与专业交叉融合的目的完全契合。新版全程培养方案新增了"培养标准及其实现途径"的内容，并在培养目标准确定位的基础上，对培养目标进行分解，从素质、知识、能力等方面制定了详细的实现培养目标的具体要求和实现途径。

2. 体现专业交叉融合特色的课程设置

根据专业交叉融合的教学要求，按照"厚基础，宽口径"的教育理念，调整课程体系结构，优化专业课程设置，充实相关课程内容。新版全程培养方案中的课程设置分别涉及"新媒体营销、电子商务、客户关系管理、网络营销、商业数据分析、电子商务实验"等面向市场营销专业的电商专业课程群，以及"市场营销学、消费者行为学、市场调研、商务分析、商品流通概论"等面向电子商务专业的营销专业课程群。

（二）建立并持续完善专业交叉融合教学体系

1. 课程建设

（1）以人才培养标准与学生个性化需求相结合的方式设置课程。按照学科基本结构理论和多元智能理论的观点，模块化课程组成的课程体系应具有合理化和弹性化的特征，前者是使课程体系能够兼容多种类型人才的培养，后者是使课程能满足学生个性化发展的需求。为此，在设计相关课程以及课程群中的课程组合时，一方面通过调查研究具体课程所涉及的学科理论及应用现状、发展趋势，另一方面通过座谈会、问卷调查等形式，了解学生对相关领域或问题的兴趣与求知欲，在此基础上确定开设的课程，供学生自由选择，实现课程体系的弹性化。例如，随着移动互联的发展，新媒体和移动营销成为数字营销的新领域，原来设想的是开设"移动营销"课程，在充分征求学生意见后，课程群方案改为开设"新媒体营销"。几年的教学实践证明这一改变是恰当的，自开课以来，该课程的选课率接近100%，目前已列入全校公选课程。

（2）以多元化的理念组织课程内容与教学。纳入专业交叉融合教学体系的课程在内容与教学组织上主要采用两种形式。一是融合形式，将不同学科有内在联系的知识融合为一门课程，通常由一位教师承担全课程的教学。如"商业数据分析""商务分析"等课程都是通过综合多个学科的知识，建立学科间的联系，在这类课程的教学中，引导学生在分析和解决问题的过程中把握不同学科知识间的内在关联性，提高综合应用不同学科知识的能力。近年来，不少国内企业因文化差异，在跨境电商的经营中出现了这样或那样的问题，鉴于此，在"跨境电商"课程中增加了"儒商与儒商精神""跨文化营销"等内容，一方面帮助学生加深对中华文化的理解，增强民族文化自信，另一方面让学生熟悉跨文化环境中开展营销活动的策略与方法。二是主题形式，以问题或专题的方式组织课程内容，由多位教师结合自己的研究承担对应主题的教学，通过教学，启迪学生对现实问题的思考，培养他们应用相关专业知识分析问题和解决问题的能力，这种形式已在"营销专题研究""电子商务前沿"等课程中采用。

2. 教学模式改革

进入 21 世纪，哈佛大学逐渐以"哈佛学院课程"取代了原来的核心课程，"哈佛学院课程"大多是一些基础性、综合性的通识课程，跨学科的综合性是这些课程最显著的特点。这些有特色内容的课程，传授了知识，开阔了学生的视野，加强了推理、写作、口头表达等核心技能的培养。借鉴"哈佛学院课程"的理念，2018 年以来，中南财经政法大学先后开发了"人人学点营销学""电子商务那些事""品牌管理"等线上线下一体化课程，这些课程结合社会热点问题，综合了管理学、经济学、电子商务、信息科学以及心理学、社会学等多学科的知识，向学习者传授相关知识。2020 年抗击新冠肺炎疫情防控期间，这些课程以慕课和线上课程的形式为校内外学生提供教学服务，并成为热门课程。"人人学点营销学"入选 2018 年国家级精品慕课课程，"Electronic Commerce"入选 2019 年教育部首批 193 门面向全球推出的国际课程。

（三）教学体系的完善

1. 教学团队的建设

根据专业交叉融合和专业课程的教学特点，按课程群建立教学组织。即以市场营销和电子商务两个专业教研室的教师为主体，在不打破教研室建制的前提下，组成电子商务、营销策划和实验实训三个专业课程群项目组。其中，电子商务课程群项目组主要由承担"网络经济学""电子商务""网络营销""新媒体营销"等课程的教师组成；营销策划课程群项目组主要由承担"市场营销学""市场调研""商务沟通""零售营销""商务分析""消费者行为学"等课程的教师组成；实验实训课程群项目组主要由承担"电子商务实验""市场营销模拟""商业数据分析""现代商业技术实验"等课程的教师组成。

课程群项目组主要开展相关课程教学大纲、教案、案例以及教学方法、手段的研究、探讨和经验交流，这种形式改变了以往各专业"小而全"的教学组织格局，打破了学科间壁垒，实现了教学资源的共享，有助于提高教学质量和效果。此外，还遴选校外专家、企业家参加课程群项目组，参与教学活动。目前，企业家进课堂授课已成为"跨境电子商务"等课程的常规教学形式。

2. 共享教学资源的研发与应用探索

（1）基于互联网的立体化课程建设。依托国家慕课、金课、线上线下混合式等一流课程建设工程，已经和正在开发的线上课程和线上线下混合课程共 5 门，其中"电子商务导论""市场营销学""品牌管理"等课程已采用线上线下混合教学模式。与此同时，专业交叉融合的课程群均按课程群项目组的形式开展教研活动，实现了课件、讲义、教案的共享与交流，并与校外兼职教师一起实现了在线备课。与上述一流课程建设配套的立体化教材也在编写中，目前"网络营销""市场营销学""人人学点营销学""品牌管理"等课程的立体化教材已经出版。教学所需的案例库建设目前已完成了 100 多个案例，其中大部分是自主开发的，不少案例是两个专业师生深入各地企业实地调研的成果。

（2）利用互联网实现教学资源共享。以 O2O 方式打造了"中南电商云学堂""深客商业""黄金悟研习社"等学生自组织学习交流平台，通过分享、众智、众包等形式进行跨学科、跨领域、跨行业在线交流，开展探究性和交互式学习，并指派青年教师承担具体指导任务；利用微信平台建立了"电商图书小屋"，目前已收集以经济管理类、IT 与互联网应用类为主的各类电子图书 7000 多册。这些资源的开发与应用，体现了以学生为中心的教学理念，调动了学生的学习主动性和积极性，同时突破了教与学的时空限制，满足了学生利用碎片化时间学习的需求。

3. 教学模式与方法的改革与创新

（1）依托信息技术改进教学模式与方法。借助"智慧教室""微助教"等互联网教学平台，开展 SPOC、"翻转课堂""微课"等交互式、自主式、探究式教学方法的实践探索；依托 VR 和 AR 技术改善教学环境，如请校外专家或企业合作导师在企业现场结合生产运营实际进行远程授课，使学生产生"身临其境"的虚拟体验，目前已在"物流与供应链管理"课程中采用；学习设备是学生理解教学内容、完成教学目标的重要载体，如何充分利用手机等互联网时代的"学习设备"，是值得深入研究的课题。对此，本课题进行了一些尝试，其中之一是利用"条码"技术和手机等无线终端设备改进线上线下的教学效果。譬如,在案例教学中,由于受知识产权的限制,不少在线视频影像只能在线观看,不允许下载进行再传播,教师将这些在线视频资源的网址制成二维码,嵌入课件或线上课程的教学视频中,学生用手机扫码,便可看到相关视频,既不用担心知识产权纠葛,又提高了教学效率。

(2) 探索适合专业交叉融合的实验与实践教学模式。为顺应"大智物移云"时代的商业变革,围绕专业交叉融合中实验与实践环节的教学改革,从四个方面进行探索。一是增加独立实验课程,在原来两个专业分别设置的"电子商务实验"和"市场营销模拟"独立实验课程的基础上,增加了"商业数据分析""营销风险管理""人力资源实验"等独立实验课程(选修)。二是以在线开放课程的形式实施实验课程的教学。三是将这些课程中的实验项目与相关理论课程中的内容相融合,通过这些实验引导学生去验证和运用所学的理论,学习使用各种互联网工具和资源,掌握实操能力。如"商业数据分析"中的实验项目大多是在"营销调研"课程的基础上设计的,在该课程的教学过程中,不少学生还将"商务智能""数据科学导论""统计学"等课程中学过的理论、方法和工具加以运用,不仅掌握了利用互联网上各种资源开展数据采集、分析及处理的营销调研方法和工具的使用,也提高了综合应用不同学科知识解决实际问题的能力。四是加快校外教学实习与实践基地的建设。为弥补校外教学实习基地建设和有效发挥其作用的不足,一方面利用两个专业的校友资源加快校外教学实习基地建设,另一方面采取将两个专业学生混编成一个实习团队进入实习基地的方式,通过专业知识与能力的互补,改善专业实习和社会实践的效果。除此之外,还邀请企业界人士担任导师,参与指导学生的社会实践活动和企业生产实习。

尽管在专业交叉融合教学改革方面进行了一些实践与探索,但还存在许多不足:其一,专业交叉课程内容只是简单地组合,不同学科的知识之间存在明显间隙,缺乏深度融合,因此与让学生创造性地运用多学科知识解决实际问题的培养目标,还有不小距离;其二,学科交叉课程的教学主要采取选修的方式,这将造成不少学生因各种原因不得不放弃选修的机会。

问题很多,困难也很大,但这只能激励我们去继续探索。未来将努力学习教育学的理论与方法,理解国家和学校的各项方针政策,同时对标中南财经政法大学"双一流"建设目标,积极争取学校和学院的政策与制度支持,按照专业发展规划,持续进行深入的理论研究和实践探索,力争取得更多新成果。

第三节 电子商务下市场营销知识管理体系建设

在当前信息化时代，我国的互联网用户呈现爆发式的增长态势，这为电子商务的发展奠定了坚实基础。站在企业市场营销知识管理体系的角度来看，采用更加科学、合理的管理方式，能够在根本上提升企业自身的管理水平，因此，在实际市场营销知识管理过程中，应当充分结合市场营销知识管理工作的基本需求，针对企业市场营销管理现状，充分结合电子商务进一步优化总体营销知识管理体系，使得企业能够充分把握电子商务带来的发展优势，通过构建现代化的企业市场营销知识管理体系，提高企业社会效益和经济效益。

一、知识管理的基本概述

知识管理主要是在合适的时间向合适的人获取数据信息，能够为管理工作的开展提供坚实的数据基础。同时，知识管理还涉及电子信息传输、数据信息资源认定及重构决策支持工具等多方面内容。由此可见，知识管理属于一种多种技术的综合体，而知识管理至今还没有一个统一的定义。一种观点认为，知识管理主要是运用各种集体智慧来提升企业的创新能力和应变能力，是企业实现隐性知识与显性知识共享发展的全新途径；另一种观点则认为知识管理属于一种运用各种知识来展开管理工作的学问，能够有效利用企业内部知识资本，进一步创造出商业机会，促进技术创新和工作创新，通过对企业内部知识资源的深入挖掘，进一步提升企业创新能力，并以此为基础展开能够提升企业自身价值的管理活动。除此之外，知识管理也是在当前复杂的社会环境中，针对组织生存能力与适应性所提出的一种应对措施。知识管理本质上囊括了组织的整体发展过程，并且有效融合人员的发明能力与创造能力，以及信息技术的数据信息处理能力。从这些定义可以看出，当前对于知识管理的研究仍旧处于初级阶段，在知识管理体系结构、管理特征等方面的认知较为模糊。知识管理的主要特征包括以下内容：一是知识管理能够在组织扁平化与经济全球化的竞争环境中提供最优质的营销途径和营销策略；二是能够促进群众之间共享所拥有的数据信息处理资源，包括数据信息库、知识库、工作经验及文档等，从根本上强化企业自身的应变能力；三是从技术视角看待智能代理、数据信息挖掘、搜索引擎及文档管理等内容，保证其能够发挥应有作用。除此之外，知识管理还属于一种集体智慧的结晶，不仅可以提升企业内部工作人员的协调性、统一性，还能够进一步强化工作人员自身的团队精神，共享企业内部数据信息资源，而这些资源包括政策、程序、文档等，能够为企业后续工作的开展提供便利。

二、企业市场营销知识管理体系优化的必要性

随着当前市场经济发展建设及转型工作的逐步深入，企业对市场营销知识管理的重视程度不断提升，特别是企业内部的知识管理工作，采用科学合理的管理方式，能够全面推动企业落实好管理工作内容，最大限度地满足企业对现有市场营销知识管理工作的基本实施需求。然而，由于外界市场营销环境处于不断变化的状态，其对企业的市场营销知识管理工作提出了越来越高的要求，导致企业知识管理工作在具体实施阶段受到一定程度的干扰。因此，必须积极优化企业当前的市场营销知识管理体系，在主要实施阶段创新优化营销知识管理，为企业营销管理工作的开展提供便利，进一步强化企业的营销知识管理能力。科学合理地落实各种创新元素，能够为企业自身战略扩张及战略拓展奠定坚实基础，因此必须在企业市场营销知识管理工作中优化具体的创新管理工作内容及工作理念，促进企业可持续发展。

三、当前企业市场营销知识管理体系存在的问题

（一）营销观念较为落后

当前，企业市场营销知识管理工作存在营销观念相对落后等常见问题，企业自身知识管理工作的落实与规划存在差异，无法为实际管理提供有效帮助。在我国现有的企业市场营销知识管理工作中，大多数企业在实施阶段与原本的方向及要求存在差异，导致具体的知识管理理念无法得到充分落实，对企业市场营销知识管理产生较大影响。

（二）营销形式化较为严重

企业在开展市场营销知识管理过程中，关键在于确定好营销形式。因此，为了全方位展现企业的市场营销知识管理效果，应当科学合理地分析营销形式的构建方

式。但由于大多数企业营销形式的构建存在较为明显的差异，严重阻碍了市场营销知识管理工作的落实，这种较为严重的营销形式化问题，影响了市场营销知识管理工作的正常开展。

（三）营销方案不够明确

在企业市场营销知识管理工作中，营销方案属于较为重要的管理因素。只有制定出细致、全面的营销方案，才能为企业创造更多经济效益及社会效益。然而，大部分企业在实际的市场营销知识管理中并没有一个准确的营销方案作为引导，整体管理工作开展得十分混乱，涉及的工作人员并不明确自身的主要责任，导致实施过程无法为知识管理工作提供针对性指导。

（四）营销宣传力度不足

站在企业市场营销知识管理角度，制定一套完善、具体的市场营销宣传方案至关重要，但部分企业在管理工作中没有充分意识到营销宣传工作的重要性，不清楚营销宣传工作所带来的实际效益，导致营销宣传工作在实施阶段没有加大人力、财力及物力等资源投入，对企业市场营销知识管理形成严重阻碍，很难有效发挥管理工作的基本功能。

（五）专业人才培养力度不够

专业人才培养是保障企业市场营销知识管理顺利开展的核心内容，必须强化具体的人才培养机制，从根本上提升知识管理工作效率和工作质量。尽管部分企业已经制定较为完善的人才培养计划及培养机制，但多数只是走过场，具体培训内容存在极大缺陷，这种不重视专业人才培养的问题，也是限制企业可持续发展的问题所在。

四、基于电子商务的企业市场营销知识管理体系结构探究

（一）知识管理工具

知识管理主要通过采用系统方式对企业创造的无形资产、智力资源及信息资源

进行管理，以适应全新社会环境对企业提出的基本需求。通过构建知识管理组织体的方式，可实现对知识资源的保护与共享，有效屏蔽互联网中出现的各种不良数据信息，禁用部分恶意软件，从而有效记录用户使用互联网的主要痕迹。同时，管理人员输入密码就可以在同一台机器检查所有使用者的具体使用情况，比如上网记录、程序运行等，并设置与之对应的参数，保证用户拥有一个安全、稳定、可控的网络知识世界。此外，知识管理所用的工具还有文字屏蔽、软件禁用、痕迹调查、网址开放及在线查看等多种功能。

（二）知识管理的基础设施

在电子商务影响下，企业市场营销知识管理的基本技术手段有智能代理、数据挖掘、文档管理及知识库等内容，其提供了范围极大的数据信息通道，在电子内容创造方面进一步优化内部控制措施。然而，只有在企业全面考虑数字化战略时，有效的局域网才能充分发挥自身作用，在每一个知识管理内容创造阶段都会经历从俘获再到知识储存及分配的过程。因此，这就需要企业对各类数字化内容展开灵活运用，只有科学有效地明确数字价值，并将其进行最大化创造的企业，才可以充分享受到各类现代化商业技术带来的利益，其不仅能够有效改善内部知识管理体系的运作模式，还能够获得更加优异的竞争利益。同时，企业市场营销知识管理的基础设施中，应当及时完善一个能够跟踪企业数字化进展的工作局域网，一旦内部工作人员完成某一份报告内容，就可以上传至工作局域网，而其他工作人员可以直接在局域网中获取这份资料，不用在整个企业中追踪文件内容。负责人事调研工作的人员可以明确数据信息的主要渠道，为自身工作的开展提供便利。此外，企业内部网络也是知识管理常用的解决方式。通常情况下，企业内部存在大量处于运动状态的管理数据信息（如电话簿、人力资源手册等），还有部分外部数据信息（如在线新闻、工业报告），尽管这些内容在局域网中很容易获取，但只有能够使用且具备战略意义的数据信息才具有应用价值。因此，必须加强管理这部分数据信息，将其进一步转变为能够使用、可流通的知识，帮助企业更好地巩固资源，提升资源的使用效率，获得更加稳定的利益。随着各类现代化技术的进步发展，高效的知识管理能够稳步提升工作人员对企业知识及数据信息的可获得性，因此需要积极利用各类现代化技术，提升工作效率及工作质量，不再浪费各种智力资本，而是将其作为企业发展的基本条件。

(三) 知识传递

在企业市场营销知识管理体系中,知识传递具有十分重要的作用,因此需要建立知识分布图及电子文档资料。在当前电子商务高速发展的背景下,可以采用建造虚拟光盘库的方式,利用这种模拟真实光驱的软件有效创建大容量的光盘柜,使光盘内部知识、资料及应用软件能够压缩成一个虚拟光盘,并将各类文件存放在光盘中,直接将虚拟光盘内部文件当作光驱文件使用。在存取应用软件、资料及知识的过程中,并不需要将实体光盘放置到物理光驱内部,也不需要启动光驱,可以直接通过虚拟光盘载入虚拟光驱,执行起来既方便又快捷。由此可见,利用这种网络虚拟光盘技术实现知识存放及使用,能够最大限度地保证知识传递的安全性及稳定性,同时运行多种光盘内部的应用程序,大大提升知识管理效率。

(四) 知识共享平台

无论何种形态的知识,都存在共享与保护之间的矛盾,站在互联网技术发展历史的角度,在互联网发展第二阶段,以互联网商业模式为主要特征,在这一阶段商业模式已经从技术知识产权转变为知识产权盈利中心;第三阶段的特点则是将各类处于分隔状态的数据信息与处理系统有效连接,凭借互联网将各类装置有效提供给个人使用。由此可见,基于电子商务所进行的知识共享能够带来极其显著的社会效益和经济效益。尽管企业市场营销知识共享存在相应的成本,但其能够提升企业自身市场竞争力和市场响应能力。通常情况下,知识共享平台建立在企业内部网络,具体包括 VPN 广域网、局域网及其他网络。基于这部分网络所展开的知识存储、知识处理、知识共享,以及数据库与知识库的安全性和稳定性,都是知识共享平台所需要的。因此,需要重点强化网络建设,通过知识共享平台更好地促进不同知识的传递,为企业市场营销知识管理工作的正常开展奠定坚实基础。

在当前的社会环境中,深入研究企业市场营销知识管理体系结构具有重要作用。为了更好地展现企业自身的市场营销知识管理质量,应当有效找寻目前管理方式和管理体系中存在的各种问题,并采取针对性措施加以解决,及时转变企业自身的市场营销知识管理对策,提升企业营销能力和知识管理能力。同时,企业还应当树立完善的市场营销知识管理理念,明确知识管理的主要体系结构,重点关注知识管理工具、知识管理基本设施、知识传递及知识共享平台等内容，从根本上提升企业市场营销知识管理的工作效率和工作质量。

第四节 微博网络营销与国际市场拓展的分析

微博是一个长度小于 140 个字符的信息发布平台。微博是用户发布信息、浏览信息的一个平台。用户可以建立一个账号，发布信息，浏览信息。现如今网络贸易已成为一种新的商业营销形式，跟进新闻门户，搜索门户、电子商务网站和社区网站之后，微博已成为贸易国家关注和探索的新领域。自跨国企业戴尔把微博营销作为第一营销方式后，国内一些大型企业像海尔、联想和东航也开始把微博作为第一营销方式，服装公司像安踏、特步以及优衣库也都先后正式开通了新浪微博。大到国有企业巨头，小到个人，都在微博广场申请账号。因此，在理论和实践上都必须深入研究微博营销的现状，并研究其对国际贸易的影响和在这方面采取的措施。

一、微博营销的发展情况

（一）微博全球营销的最新发展

在国际上，美国的推特网站是全球第一个网络营销网站，也是最有名的一个网络营销网站。美国互联网流量监测机构的最新数据表明，注册微博账号的人中有 70% 的人都是来自美国境外的，这表明推特是一个超越著名社交媒体的国际网站。推特销售渠道还提供了国际知名的品牌，如：普尔布洛克、星巴克、肯塔基和可口可乐。

（二）微博在中国市场影响力的快速增长

中国微博网站的增长也很快。随着微博在互联网上的普及，越来越多的公司开始在微博上开设官方账户，试图进行微博营销。目前电商平台的飞速发展，使微博网络营销的方式发展也飞速增长。微博在中国市场上正在快速发展。目前，全国的微博账号数量已超过 10 亿个，其中不乏一些官方账号，越来越多的企业和个人利用微博来进行营销，扩大自身产品的影响力。

二、微博营销对品牌传播的影响

(一) 信息传播平台, 可作为产品传播平台

用户对在微博上传播信息, 以及浏览商业信息具有很大的信心。37%的用户认为微博网站上的信息非常可靠; 81%的用户对关于微博网站上的货物、服务或负债的信息表示信心。微博网站在国际市场上的官方网站通过传播关于商业动态、新宣传运动、工业信息和商业共享的信息, 吸引粉丝或听众的注意。它们还可以与粉丝和听众进行双向互动, 就主题进行有吸引力的讨论。

(二) 与消费者互动了解最新情况

微博可以减少企业回应客户需求的时间。微博网络的营销互动是一个持续的过程, 公司可以将产品与消费者联系起来, 更好地了解他们的需求, 从而提高产品和服务的性能, 并提供新的产品以满足消费者的需求; 与此同时, 推特形式可以打破数字和地理上的限制, 更重要的是, 来自不同贸易国家的具有类似想法的人可以实时交流, 以深化商业关系。

(三) 保持品牌并增加效果

微博通过与客户的有效沟通, 可以传播品牌概念和文化, 并通过产品信息和宣传来促进销售。与此同时, 公司从一开始就能够了解自己的观点和想法, 甚至可以进行网上"客户满意度"调查, 使公司能够利用原始数据进入国际市场。

(四) 处理危机中的公共关系

微博网络营销不仅可以支持传统的公司营销, 还可以帮助公司进行私人营销, 例如在危急情况下的公共关系管理。数据研究显示, 96%的用户通过微博了解重大事件和紧急情况以及发表他们的意见, 后来微博成为一个交流中心以及公众了解重大事件和突发事件的平台, 微博营销是一种具有很强的可操作性的营销活动。比如日本的大地震和盐风暴。企业可以通过微博网站监测和跟踪情况, 特别注意利益攸关方、客户、媒体等的声明, 及时发现危机迹象, 并首先解决危机。危机发生后,

企业可以在企业微博上发布企业应对危机的措施并以积极、公开和透明的方式回应现有的误解，及时纠正错误，控制形势的扩大。

三、微博网络营销特点

（一）营销行动更方便快捷

微博网络营销是一种新型社交媒体，其特点是分裂、现代化、开放和快速流动，从而使微博网络营销网站的商业化具有独特的商业价值。微博网站具有媒体性质，与其他媒体相比，是免费的、界面简单、运作简便。微博网站的媒体特点使得微博组织的营销比传统营销做法更容易、更快。营销团队不需要复杂的管理审批，而是需要一个推特点击来传播营销内容，从而节省大量的资金和时间。

（二）信息传播更丰富

媒体传播信息的能力通过四项标准来界定：使用建议的信息、注重个人、及时获得反馈和使用自然语言。满足其中许多标准的沟通渠道被认为是实现繁荣的手段。这四条推文是：在微博网站上发展营销，将媒体动画、文字和游戏结合起来；与微博用户及时沟通。

（三）通过互动与消费者有效沟通

微博网络营销真正与消费者进行互动，同时也吸引消费者积极参与企业的产品品牌建设，在此过程中更有能力维持消费者的忠诚和品牌的声誉。

（四）可以实现实时传播和无国界传播

最有影响的营销微博的特点是信息传播迅速，可以现场直播，甚至实现几乎没有延迟的直播环境，除了能够打破传统的地域限制和专业，一个高水平的关注微博可以传达到世界的每个角落。目前微博上的信息传播速度非常迅速，一般24小时之内一篇信息就可以传播到世界。

四、微博网络营销在国际市场营销中的优势

（一）节约信息传播和处理成本

微博营销主要是通过转发、评论等方式进行信息的传输和共享上网、实现分散的部门，这种信息的传播方式使微博的传播也有很广泛的应用价值。对于国际贸易公司来说，开立微博账户、发布信息、开展营销和传播活动的成本很低，而且操作简单，时间成本相对较低。此外，微博信息的搜索和聚合成本也很低。企业不仅可以直接在微博上快速搜索所需的信息，还可以使用微博附带的微媒体和微磁盘等工具集成分散的信息。同时，可以缩短文件结算时间，加快资金周转，节约利息成本。

（二）减少贸易壁垒，发展关系营销，增加商业机会

首先，互联网消除了地理位置，在减少文化等国际营销障碍方面发挥了积极作用。第二，企业微博国际贸易是目标消费者从陌生人到朋友的一个重要转折点，企业微博营销可以提供单个用户的需求，实现个性化定制生产相应的产品，与特定目标消费者建立并保持相互满意的长期合作关系。

（三）24 小时运行网络以提高客户的满意度

全球的分歧在国际营销谈判中引起了一些问题，国际贸易企业传统条件下是 24 小时的客户服务，并利用网络微博营销可以很容易地在世界的任何地方做一天 24 小时。任何一段时间都可以通过微博了解任何客户的相关信息，了解多家相关公司的信息，具体问题信息也可以通过推特平台发送。

五、微博网络营销在国际市场营销中的营销对策

（一）微博在线营销创新

从互联网营销到今天的微博营销，网上营销的形式越来越多样。然而，我们许多公司目前对微博网络的营销缺乏系统的知识，因此难以吸引大量用户的注意。因此，在微博的在线营销方式上进行创新是很重要的。当然需要关注，微博是国际贸

易的对象一定是不同的文化背景下的营销网络，网民在微博内容接受能力考虑，微博账户可以同时打开多个矩阵同时保持合作的全球文化，可以详细促进不同产品营销，使效益最大化。

（二）加快企业信息化进程并提高其国际竞争力

网络和信息技术的发展为国际贸易的发展，特别是为中小企业提供了良好的基础，从而丰富了中小企业可利用的信息资源。今天，随着计算机网络技术的不断发展，中国公司应充分利用因特网技术，改变市场运作，充分利用电子商务机会，促进有效提高公司市场的竞争力并实现快速增长。作为新出现的信息传播优势的微博网站的优点是，公司通过微博网站在国际贸易发展的背景下通过因特网销售其产品，延长客户的最高产品，传播文化，增加客户的知识，并最终促进公司销售。

（三）加强对电子商务的研究，规范电子商务的发展

微博营销网络是一个新的生意，有很广阔的发展前景，但也产生了许多新问题，例如，合同生效，该协议的安全性、网络电子商务税收制度，如何处理冲突和保护将直接影响国际贸易的发展和贸易网络的发展。因此，必须加强网上交易的安全性，各国政府应制定相关的法律政策，以确保微博网站的商业化。

简言之，微博网站是销售、产品、客户服务、商业广告等的最佳网站。互联网营销工具具有重要的商业价值和巨大的潜力。国际分析家余毅说："未来的商业应用可归纳在知识产权组织的网站上，可作为一个平台，使公司能够建立和保持品牌形象，并与用户直接沟通；第二是寻找潜在客户的信息渠道，也可以与公司的管理平台连接。"虽然微博的未来目前尚不确定，但由于其独特的通信优势和平台的开放性，微博的营销不可避免地为国际市场提供无限的营销潜力。

第五章　电子商务背景下市场营销的应用研究

第一节　电子商务环境下服装企业市场营销分析

在当前电子商务环境下，服装企业应当通过电子商务平台，打造良好的企业品牌形象。同时，采用分销模式，构建多元化销售渠道，并提高企业产品竞争力，辅之以丰富性的促销活动增加产品销售额，在为客户提供优质、高效服务的同时，增加企业的经济收益。

一、电子商务环境对企业营销策略的影响

首先，随着信息技术的不断发展，在电子商务环境下，企业可以拥有更多的创新技术手段开展市场营销活动。电子商务为企业的市场营销活动提供了重要的营销平台，通过推广力度大、宣传力度强、涉及范围广的电子商务平台，企业可以做到低成本营销、针对性营销。同时，电子商务可以帮助企业整合消费者数据，挖掘消费者的购买潜能及购买习惯，从而为后期企业制定针对性营销方案奠定数据依据。

其次，随着科学技术的不断发展，产品生产周期不断缩短，更新换代的速度加快，企业生产效率得到了质的提升。确保产品生产成本及生产周期保持平衡，从而实现盈利，是企业在开展营销活动中需要考虑的问题。在当前的电子商务环境下，企业可以及时收集、策划、组织、统筹营销工作中涉及的产品全生命数据，同时结合以上数据对营销活动的预算和投入进行管理控制。

最后，在当前激烈的市场竞争环境下，消费者需求逐步走向多样化、个性化，产品是否具有特色，决定着企业产品能否被替代。企业可以结合当前供求关系发生

的变化，改变传统的营销战略，通过电子商务平台开展低成本、大规模的营销活动，并结合电子商务平台相关数据，对市场需求进行分析，从而制定针对性解决方案，发挥出服装企业产品的优势，满足人民群众的基本需求。

总体来说，相较于传统的市场营销模式，电子商务平台可以为用户提供一对一的高质量服务，提高企业的市场竞争力。电子商务时代是企业比拼服务质量及水平的时代，在当前的电商环境下，企业应当结合消费者的实际需求，开展有针对性、特色化的营销活动，从而吸引消费者、留住消费者。

二、服装企业电子商务市场营销存在的问题

（一）缺乏良好的服装品牌

当前，我国大部分服装企业并没有建立健全完善的电子商务市场营销理论体系，很多服装企业在激烈的市场竞争中没有明确的经营目标，从而严重阻碍企业市场营销工作的顺利开展。对当前阶段电子商务市场营销状况进行分析可以发现，大部分服装企业不具备电子商务实践营销经验，没有积极引进先进的电子商务市场营销技术手段，在开展电子商务市场营销的过程中，只是主要展示服装的图片，而无法让消费者切身感受到服装的上身情况，导致消费者无法认可产品。在当前电子商务环境下，服装企业若没有对市场营销数据进行分析，就无法采取特色化、针对化的营销手段，从而导致服装产品营销工作难以发挥出电子商务营销的社会价值、经济价值。

（二）市场营销手段单一

结合当前服装企业市场营销状况，可以发现大部分企业在电子商务环境下采用单一、传统的营销方式。通常情况下，服装企业会通过网络营销的模式，以产品介绍、网络广告、新品发布会等作为营销重点，建立了自己公司的电子商务平台，却没有打造良好的企业品牌形象，使得品牌宣传工作无法顺利开展，制约服装企业的可持续性发展。

在当前电子商务环境下，很多服装企业没有掌握科学合理的营销手段，盲目跟风打造出电子商务营销平台难以树立自身品牌形象。部分服装企业甚至没有认识到

电子商务平台营销的重要性，不重视建立健全完善的电子商务平台，更没有及时维护、更新网络平台信息，这些都会导致服装企业网络营销工作无法顺利开展。

（三）监管力度相对匮乏

在当前的电子商务环境下，互联网技术的出现给服装企业带来了新的营销渠道及发展空间，也为服装企业带来了新的挑战。一些地区并未建立健全互联网网络监管体系，相关法律法规不完善，导致部分服装企业为了增加盈利而以次充好。同时，部分服装企业为了提高销售量，增强自身的市场竞争力，会通过压低价格的方式开展市场营销活动，从而导致市场价格紊乱。若不能加大监管力度，就无法保证服装企业网络营销工作具备科学性、合理性。

三、电子商务环境下服装企业市场营销策略

（一）树立良好的企业品牌形象

随着服装行业的不断发展，服装企业为了提高自身的竞争力，应当在当前电子商务背景下树立良好的企业品牌形象。通常情况下，可以从以下方面树立良好的企业品牌形象。

首先，要保证企业的服装具备个性化色彩。服装企业应当结合顾客的多元化需求，贯彻落实个性化服务理念，发挥产品的特色及优势，从而保证产品具备较高的价值。例如，服装企业可以结合顾客的特点，明确营销客户层级，同时对产品的价格进行管理、控制、调整，提高产品的性价比。

其次，要实现产品品牌化。服装企业应当树立企业品牌形象，将产品品牌化，同时根据市场发展的特点，分析市场运行营销状况，从而为消费者提供高效、优质的服务，同时根据客户的实际需求，对产品进行革新、优化，制定富有特色的市场营销方案，从而树立良好的品牌形象。此外，服装企业管理层应当不断贯彻落实品牌理念，打造特色化品牌，提高企业的市场竞争力。

总体来说，在当前电子商务环境下，服装企业应当结合市场发展状况，制定有针对性的市场营销方案，通过全面考量、综合分析，打造良好的企业品牌形象，增强企业竞争力，保证服装企业走向长期稳定的可持续性发展道路。

（二）构建多元化营销渠道

在服装企业营销过程中，为了实现经济化、效益化发展，应当大力拓宽销售渠道。具体来说，无论是通过线下渠道还是线上渠道开展服装企业市场营销活动，都应当将商品与服务相结合，保证信息流通、资金交换、物品交易顺利完成。例如，淘宝服装店铺营销工作主要包括以下方面。

分渠道建设。服装企业可以在淘宝平台开设店铺，同时进行产品宣传，打造特有的销售风格、服装风格，从而增强产品竞争力。服装企业可以建立分销渠道，通过分销模式扩大销售范围，从而保证服装企业获得较高的经济效益。

结算渠道建设。在淘宝平台开展市场营销活动的过程中，服装企业应当加强结算渠道建设，通过与不同结算平台达成合作，使得结算渠道具备多样性、多元化特征，从而方便消费者完成线上交易。服装企业可以通过构建网络营销方案，对交易环节进行优化、改善，增加企业销售渠道，保证企业经营效益。这在提高好评率的同时，也能够增加成交率。

配送渠道建设。服装企业应当对配送渠道进行完善、优化，从而提高产品配送的效率及质量。例如，假如在商品销售过程中顾客收货地址发生变更，则需要通过加强配送渠道建设，与不同快递公司合作，保证顾客的产品能够快速送达。服装企业可以与不同的快递公司加强合作，建立长期稳定的合作关系，方便客户选择适合自己的快递服务，从而提高客户满意度。

（三）开展丰富性的促销活动

服装企业在销售过程中为了增强企业的竞争力，应当开展丰富的促销活动，并根据用户的实际需求，制定针对性营销促销活动方案。在当前的电子商务环境下，促销活动能否顺利开展决定着服装企业产品销售额度。服装企业应当对当前市场营销网络环境进行分析，对当前的促销方案进行优化、改善，通过拓宽销售渠道、加强信用管理等方式，保证促销活动的顺利开展。服装企业开展促销活动可以通过以下方式。

免邮费。免邮费是最常见的促销方式，其作为买家关注的重点，在一定程度上决定着企业产品的销售额。服装企业可以在电子商务平台设置免邮费的促销活动，增加客户购买欲望。

打折。在当前的电子商务背景下，产品逐步走向多样化、个性化发展的道路，同样的产品会在电子商务平台上出现不同的价格，而打折商品会吸引客户，激发客户的购买欲望。一般情况下，打折促销主要分为以下几种类型：第一，通过产品直接降价的方式吸引消费者，然而，直接降价的方式并不是长期适用的；另一种是折扣促销，通过不定期折扣的方式激发客户的购买欲望，不定期折扣是指在节假日提供优惠券，增加客户购买欲。

提供赠品。在电子商务背景下，服装企业可以通过提供赠品的方式增强产品的竞争力。服装企业选择科学合理的赠品，在将企业成本控制在合理范围内的同时，能够更好地吸引客户，增加产品销售额度。通常情况下，服装企业可以选择精美的配饰作为赠品。

设置会员积分制度。服装企业可以将在店铺内购买过产品的消费者设置为不同等级的会员，会员可以通过购买产品进行积分，通过积分的方式在后期兑换店铺内的商品或优惠券，从而吸引更多的消费者重新购买产品，让企业走向可持续发展的道路。

（四）建立健全完善的服装企业管理体系

服装企业应当结合企业运行的实际状况，革新、优化现有的管理方式，从而建立健全服装企业管理体系，保证企业走上长期稳定的可持续发展道路。通常情况下，可以通过以下方式建立健全服装企业管理体系。

拓宽营销渠道，提高服装企业网络营销价值。在当前的电子商务环境下，服装企业应大力拓宽营销渠道，通过与分销商进行合作的方式，制定科学合理的分销方案，对产品的促销方案、促销战略进行优化、改善，从而与分销商建立长期稳定的合作关系，缩短各渠道之间的距离，进而打造统一、完善、规范的渠道销售秩序。服装企业应当给予分销商相应的支持，从而使得分销商积极为顾客提供修补、验货、退换、售后服务，进而优化销售环节，保证分销商长期稳定地采购该企业的服装产品。

建立健全多元化的渠道管理组织体系。在服装企业开展市场营销的过程中，为了保证与各渠道开展长期稳定的合作，服装企业应当建立健全多元化的组织管理体系，通过定时、定期开展专业培训，缩短渠道成员之间的距离，树立良好的企业品牌形象。在建立健全多元化渠道管理体系的过程中，服装企业应当及时对渠道形象进行迭代优化，保证关系透明化、公开化，减少各渠道销售人员之间的矛盾。

（五）精心设计企业网站

服装企业应当打造富有特色的企业网站，从而树立企业形象，吸引客户，留住顾客。当前情况下，可以通过以下措施建立优秀的网站：首先，服装企业应当定时、定期对网站的内容进行更新、优化，方便消费者及时了解企业的服装产品信息；其次，服装企业应当设计更加精美、专业的网站宣传页面，提高网站的质量及水平，通过精美的页面，增加消费者的购买欲；再次，服装企业可以参加电子商务平台的宣传营销活动，通过促销活动、优惠活动，增加自身产品的竞争力，树立良好的企业品牌形象；最后，服装企业应当建立方便快捷的消费通道，保证消费者及时掌握服装的各种信息，例如，在网站页面增加服装细节、搭配展示等。

（六）提高员工素质，为客户提供优质服务

服装企业应当不断提高员工综合素养，培养员工的服务意识，从而为客户提供优质、高效的服务。具体来说，服装企业应当提高员工的收集能力、分析能力、整理能力、服务能力、沟通能力，使其能够及时解答消费者的问题，并建立健全完善的售后服务体系及退货体系，为相关员工提供培训机会，从而为客户提供高效、优质的服务。

综上所述，服装企业要想提高自身的竞争力，在激烈的市场竞争环境中占据主导地位，就应当结合电子商务营销环境的具体情况，制定针对性营销方案，不断贯彻落实创新型营销思维，从而保证电子商务环境下服装企业市场营销活动的顺利开展。

第二节　生鲜电子商务的市场营销策略分析

当前是电子商务时代，我国生鲜电商企业的建设与发展要与时俱进，跟上时代前进的脚步。生鲜电商实质是指通过科学运用现代电子商务手段，在互联网平台上直接销售各类生鲜产品，主要包括蔬菜、水果以及生鲜肉类等。生鲜电商企业要想在如今竞争激烈的市场上脱颖而出，创造出更多的社会经济效益，一方面要高度重视自身特色的打造工作，另一方面则要注重市场创新营销工作。生鲜电商企业需要

打破传统营销模式的弊端，注重构建起先进完善的营销工作体系，加强与市场消费者用户之间的互动联系，及时掌握和了解用户的反馈意见，从而优化和改进服务内容与推广方式，全面提升在市场上的竞争力和影响力。

一、我国生鲜电子商务发展历程

（一）萌芽期

我国生鲜电子商务发展的萌芽期为2005—2012年，在此期间，我国出现了不同类型、不同规模的生鲜电商企业，有效覆盖了中国人饮食结构的主要部分。在生鲜电子商务发展萌芽期，我国本地垂直类生鲜电商相继出现，但是因为受到本土消费市场规模与互联网信息技术的限制，该时期的生鲜电子商务企业发展较为缓慢，最终大量市场资本的涌入导致生鲜电子商务行业出现泡沫现象，不少生鲜电商企业面临经营困难问题，最终只能选择转卖或者倒闭。

（二）探索期

我国生鲜电子商务发展的探索期为2012—2013年，业界将该时间段视为我国本土生鲜电子商务发展的元年。在这一阶段，生鲜电商市场中的各个电商企业竞相开展了营销，多种营销手法在生鲜电子商务市场上引起了广泛的热议。社会各界人士开始高度关注生鲜电子商务的发展，该市场也受到了众多资本方的投资青睐。一些生鲜电商企业开始通过改革创新进行市场的开拓与生存。与此同时，我国各个电子商务平台也纷纷加入生鲜电子商务的竞争中，市场开始出现前置仓的经营模式。

（三）发展期

我国生鲜电子商务的发展期是从2013年至今，该阶段的生鲜电子商务市场已经形成了一定规模，不少生鲜电商企业都在稳定经营生存，获得了不错的社会资本注入，并且有着各自在生鲜电商领域的发展资源优势。生鲜电子商务发展期间，行业洗牌已经初步完成，电商巨头也开始不断加码冷链和生鲜供应链投资，创新布局新零售模式，成功打通了线上线下相结合的消费场景。其中，主要商业模式包括城市中心仓模式、前置仓模式和前后仓模式。生鲜电商的品类需求涵盖了水果蔬菜、水产海鲜和肉禽蛋等。

二、生鲜电子商务的市场营销重要性

（一）刺激市场潜在受众用户消费

任何企业要想在竞争激烈的市场上始终占据一席之地，就必须充分做好企业自身形象的打造、维护与宣传工作。针对市场消费者来说，他们在选择某家企业生产的产品时，不仅会考虑到产品的价格与服务，还会关注企业的市场知名度和影响力。由于生鲜产品未形成统一的生产标准，那么那些未网购过生鲜产品的潜在消费者，就会根据品牌形象来衡量和选择生鲜产品。比如，在我国知名生鲜电商平台"每日优鲜"的网站主页上，其通过设置对外宣传语"过不将就的生活，从吃好一点开始"，而赢得顾客的青睐，这充分体现出该生鲜企业极为重视每个市场消费者的健康生活品质的提升，因此，容易引起那些追求高品质消费生活的用户的情感共鸣，从而激发他们对该企业生鲜食物的购买欲望。除此之外，"每日优鲜"还是一家获得我国互联网巨头腾讯投资的生鲜电商企业，其通过利用腾讯的营销影响力，吸引到更多的潜在消费者，从而帮助自身创造出更多的经济效益。

（二）促进企业长远稳定发展

现代生鲜电商企业通过加强市场营销工作，能够最大程度地提升企业形象，产生较大的规模效应，从而赢得更多市场消费者的青睐和支持。无论是市场、企事业单位，还是个体消费者，他们在选择一家生鲜电商企业进行消费时都会往优秀的企业倾斜。因此，生鲜电商企业要想保障自身建设稳定持续发展，生产规模不断扩大，并且创造出更大的社会经济效益，就必须注重企业市场营销工作的创新，并安排专业人员负责市场的营销推广，以打响企业的知名度。以我国"易果生鲜"电商企业为例，其在 2016 年完成了 C 轮融资，该轮融资是截止到 2016 年，我国生鲜电商领域最大的一笔融资。"易果生鲜"之所以能够获得市场优秀资本的青睐，是因为它一直致力于打造全品类、综合型的生鲜平台，做到了在生鲜领域知名度高、美誉度好，因此本身积累了大量的市场消费者用户群体。此外，"易果生鲜"获得了来自阿里巴巴、KKR 集团等的巨额投资，大量资金的注入与支持无疑能够保障该家生鲜电商企业的长远稳定发展，并实现生产规模的进一步升级发展。

（三）有利于开拓市场新业务

当企业发展到一定程度时，要想实现自身的升级转型，就必须通过企业形象开展营销工作，吸引来自资本市场的更多社会资源，并积累更加完善的市场经验，以此来帮助自身科学有效地开拓市场新业务。在市场营销聚合效应的作用下，生鲜电商企业能够获得更多资源，这样一来就能够为自身开拓新业务打下扎实的基础。以我国本土知名生鲜电商"顺丰优选"为例，看到这个名称，市场消费者就能够联想到顺丰物流，其作为中国本土最为出色的快递物流服务商之一，无论是在物流配送速度上，还是服务上，都有着极为出色的表现。该生鲜电商平台就是依托于顺丰在物流领域打下的基础，创新开发而设计出的生鲜平台。"顺丰优选"通过利用顺丰平台进行市场营销宣传，为生鲜电商的推广带来了众多的消费客户群体。在消费者看来，在网络平台上购买生鲜产品，其配送服务速度是极为重要的。

（四）提升市场消费用户认同度

生鲜电商企业通过加强市场营销工作，获得了广大消费者的认可和接受，这样有利于有效提升市场消费者的认同度，从而保障生鲜电商企业的市场地位与份额，并充分发挥出企业在市场上的磁场效应。即便是企业所加工生产的商品与市场出现同质化现象，不具备突出的优势特点，也能够基于营销端的影响力，不断吸引到足够的客源。像我国电商领域中一些比较大的电商平台，它们为了在生鲜领域快速占据市场，也开始做起了自营生鲜业务。其中较为知名的是"天猫优选""京东生鲜"，它们本身有着极为丰富的电商经验和雄厚的资金资源，基于自家平台的市场营销推广，能够快速吸引并积累到一批消费者用户。市场消费者本身对这些头部电商平台的大企业有着一定认同感，因此他们在选择网络购买生鲜产品时，也会优先考虑这些生鲜平台。

三、生鲜电子商务的市场营销策略

（一）创新市场营销思想

在生鲜电子商务的市场营销实践工作中，生鲜电子商务企业需要创新市场营销思想理念，还要综合采用独特的营销手段。以本土生鲜电商企业"本来生活网"为例，其作为一家专注于生鲜电商化的互联网企业，成功在生鲜领域打造出了褚橙、潘苹果等一系列优秀的农产品，并在短时间内将冷链配送服务发展到 43 个城市，是我国垂直类生鲜电商的代表之一。"本来生活网"在推广"褚橙"时，创新运用了独特的媒体化电商营销思想，利用互联网平台将"昔日烟王，今日橙王"的褚橙故事传遍了大江南北，也让我国众多网络用户了解到"橙王"褚时健晚年艰辛创业的"励志橙"历程，这在互联网社交媒体领域引起了不同群体的情感共鸣。借着这股热风，"本来生活网"请来了 10 位"80 后"，他们来自各行各业，并且都是在自身领域有着一定影响力或者卓越成就的人物。然后根据媒体化电商营销方向推出了一个视频系列，即"褚时健与中国青年励志榜样"。该系列视频发布当天，就获得了超过 10 亿的浏览次数，这无疑为"本来生活网"这家生鲜电商企业打下了良好的知名度，吸引了众多潜在消费者。除此之外，"本来生活网"还在包装策划设计上投入了大量心思，营销策划人员将那些具有一定特色的原创或活动征集的语言和图片放在产品包装上，并对其进行优化设计，市场消费者可以根据自身的审美喜好去选择产品包装。比如，"本来生活网"市场营销策划人员结合王菲、李亚鹏离婚热点事件，设计出的"我很好，你也保重"的包装，此类产品获得了市场上很多女性消费者的选择和购买，并将其送给自己的前任男友。该种市场营销方式基于人物故事激发出市场消费者的情感共鸣，并借助个性化包装制造社会热点话题内容，充分激发广大消费者用户的购买兴趣和欲望，从而帮助自家企业带来可观的经济效益。

（二）个性化定制营销

如何为市场消费者提供多元化的产品是生鲜电商企业需要高度重视的问题之一，传统单一的货源渠道已经无法满足现代市场消费者对于生鲜产品的多样性消费需求。以"田头批"为例，其在产品线方面投入了大量的精力，该家企业的创始人认为"田头批"在酒类产品中存在明显的短板，难以在竞争激烈的酒类产品市场上脱颖而出，更难以创造出更多稳定的经济效益。如果抛开酒类本身的知名度和影响力，重新塑造形象，需要投入大量的人力、物力和财力资源，这样不利于企业建设的稳定持续发展。针对这种情况，该家企业通过充分借用酒品原有的知名度，选择对自家产品口味与包装展开创新定制营销手段，促使其能够成为"田头批"渠道内的特色产品，这也顺利迎合了"田头批"所主推的"从田头到餐桌"的特供概念。

与此同时，"田头批"还优化整合了泸州老窖、咸亨等知名酒厂资源，该家企业创始人亲自到景德镇定制了具有民族特色的青花瓷包装，并在包装上同时体现了原"咸亨"和高佬庄"田头批"定制的字样和标志，以此来作为营销手段去推广"田头批"定制的绍兴黄酒。而在市场营销方面，该企业采取了线上与线下渠道相分离的方式，通过线下渠道联合当地餐饮业领军企业、酒类经销商三方入股，成立专门的酒类销售合作项目，从而实现O2O模式营销目标。"田头批"在特定渠道内完成了产品特供和高溢价，能够防止市场价格透明带来的恶性竞争，并且还可以借助市场成熟的酒类企业和渠道打响自家"田头批"的知名度和影响力。

（三）网络平台营销

在如今时代，电子商务早已不是一个新鲜话题，大多数人都会利用网络去购买自己心仪的产品。市场企业要想进入生鲜电商领域并对产品进行推广营销，就必须做好生鲜电商的网络营销策划工作。一方面，企业要针对生鲜电商市场营销工作组建起专业化的营销人才队伍，强化对他们的培训教育工作，促使他们能够熟练掌握并运用各项营销技术与方法，将线上营销渠道与线下营销渠道有机结合在一起，拓宽市场营销受众范围，促使大量潜在受众用户能够了解自家企业生鲜电商的特色文化。另一方面，企业需要成立网络营销部门，借助各家媒体渠道优势进行宣传推广工作。比如，生鲜电商企业可以通过利用如今主流的抖音、快手等短视频平台，创新策划出符合自家特色的宣传广告或者故事宣传视频等，借助社交媒体平台的流量，开启推广的新篇章。企业市场营销人员需要在网络平台上加强与每个潜在用户的沟通交流，及时了解并掌握他们的反馈意见和想法，围绕他们的爱好和需求推荐旗下的各系列产品，并进行相关的解释说明，这样有利于拉近与每个消费者之间的距离，建立起良好的沟通交流，从而提升他们的消费意愿。

综上所述，现代生鲜电商企业要想保障自身建设稳定持续发展，并创造出更多的社会经济效益，就必须高度重视市场营销工作。生鲜电商企业需要结合自身发展情况和市场发展趋势要求，合理制定最佳的市场营销策略，创新完善市场营销内容与方式，以促使其产品能够吸引到更多消费者的关注和支持，并培养出更多忠实粉丝。

第三节 淘宝网电子商务市场营销分析

当前我国消费市场呈现出实体环境消费与互联网环境消费并行的局面，以淘宝网平台为代表的互联网消费规模非常可观，成为企业争相竞逐的"阵地"。因此有必要重视淘宝网电子商务环境，并结合现有环境总结企业市场营销的新思路。

一、市场营销理论分析

（一）市场细分

在市场竞争愈发激烈的同时，消费者的需求呈现出多样化特征，具体表现为需求商品类型差异较大，对企业的市场细分能力提出较高要求。企业通过对市场需求的细分，明确当前市场需求的具体方向，从而确定本企业着重突击的市场范围，并作为企业市场营销规划的重要依据。围绕确定的市场范围拓展业务，并制定配套的市场营销策略和计划，实现企业资源效益最大化，单位资源带来的效益规模明显提升，有助于实现企业资源的良性循环。根据市场细分确定企业的目标市场范围，注重个性化产品的打造，在市场竞争中占据先机。企业在市场细分过程中需要将消费者定位核心分析对象，着重掌握消费者的需求、喜好、消费能力以及动机，将消费者划分为至少两个差异化群体，基于划分后的群体进行进一步细分，形成"子市场"并对应多个消费者群体。民众消费能力的提升、消费需求的多元化，不仅体现出消费观念的革新效应，也对企业的服务能力提出更高要求。企业需要通过精准的市场细分，实现对市场的综合把握，也为提供针对性服务奠定基础。市场细分需要以变量作为维度，通过地理区域、消费者年龄段、消费群体、消费者生日星座、淘宝网卖家等级等维度，细分目标市场范围。

（二）目标市场确定

市场细分的目的在于定位目标市场，通过精准市场营销，提升企业资源的使用效率。由此可见，目标市场的确定要遵守效益最大化原则，将资源集中在效益前景最明朗的市场范围中。尤其是在淘宝网电子商务经验相对欠缺的情况下，需要充分利用市场细分结果，选择一个最适合的目标。

企业根据年龄、地理区域等维度获取市场细分结果，例如中青年群体以及人均收入较高的地区具有较强的消费能力和购买力，由此确定企业的目标市场，确保目标市场与消费主力群体的最大化覆盖效应，有利于企业制定营销策略。针对细分市场应当采用集中度较高的市场营销策略，集中企业的人力、物力、经验等资源并形成合力效应，开展密集市场营销。充分利用市场细分结果，掌握市场消费者的喜好和需求，通过目标市场提升营销工作的精准性。部分企业根据目标市场可能采取单一密集的营销策略，但是这种营销方式存在风险较大的弊端，相当于在市场营销中采取"押宝"模式。如果市场因素发生变化，将导致企业市场营销陷入困境。因此对市场细分结果应用不能过于"绝对化"，避免资源全部集中于单一市场的情况，原则上至少定位两个目标市场。

（三）市场定位

市场定位与企业产品定位关系密切，通过对消费者需求的分析，为企业产品选择合适的市场定位；在市场定位过程中需要考虑到同行业产品的实际情况，作为打造企业产品形象的重要依据。企业市场定位过程，本质上也是对企业产品形象量体裁衣的过程；通过市场定位，不断提升产品形象与消费者群体需求形象的贴合度。市场定位的考虑因素包括产品价格、品质、服务等多个方面，企业根据目标市场分析承受价位，将产品价位定位在市场承受价位范围的中位数区间。产品价位定位不宜过高或过低，过高会超出消费者的承受能力，过低则会导致消费者对企业产品品质的质疑。以保证企业产品质量为前提，在设定企业产品价格的过程中需要结合同类产品的定价水平，保证产品价格处于最佳区间。品质永远是产品的灵魂，把握品质的关键在于原材料质量，以及对产品生产过程的有效控制，保证企业产品的口碑。根据市场定位提供优质服务，满足消费者需求并提升消费者群体与本企业产品的黏度，消费者体验效果自然提升。

（四）竞争对手分析

企业进入淘宝网平台市场时，需要分析同行业竞争对手。分析竞争对手的过程中，需要关注到竞争对手的市场占有率、销售手段等多个方面。例如竞争对手积极参与淘宝网平台举办的消费活动中，由此建立丰富的销售体系；消费者参与淘宝网平台的积极性较高，由此产生可观的销售额。但是目前规模较大的竞争对手也存在销售理念固定、销售模式传统的弊端，在多年的经营中逐步靠近销售体系中的"天花板"，对市场需求的变动感知灵敏度不高，导致竞争对手的生产活动存在滞后效应。另一方面，部分竞争对手存在研发能力不足、企业经营过于依赖销售的弊端，应对市场需求变化存在先天困难。因此企业在淘宝网电子商务体系中，需要注意到竞争对手的优势和不足，从中寻找市场营销机遇。

二、淘宝网市场营销方案

（一）产品策略

在淘宝网市场营销环境中，需要制定产品策略；完整的产品策略，应当覆盖产品设计、包装等多种因素。产品策略是制定其他营销策略的基础，也是企业产品的"加分项"，是提升产品印象值的重要途径。制定产品策略时可以采用"虚实结合"的思路，并结合淘宝网营销环境的特征，将信息因素融合在产品策略体系中，构建复合型的产品策略。

（1）实物产品策略。企业实物产品策略体现出个性化、品牌化的特征，淘宝网环境中的消费者需求逐步多样化，诸多个性化因素通过消费者需求体现。实物产品策略要符合消费者的这种需求特征，根据市场细分结果，准确定位客户群体地区以及年龄段，为该类客户群体提供个性化的产品。实物产品策略要注重品牌效应，树立产品品牌效应、提升个性化服务，是企业在淘宝网市场竞争中占据先机的关键因素，消费者市场需求始终是企业参与市场竞争的核心，通过对需求的精准分析，开展针对性、定制化营销工作，提供一批别具特色、符合消费者个性需求的产品，通过产品的良好口碑实现企业的品牌效应。淘宝网作为电子商务平台的翘楚，借助这一平台"成名"的品牌也是数不胜数；自主品牌的不断形成，对企业发展的促进作用显而易见。企业应当在淘宝网平台中注册属于本企业的品牌，设计品牌电子商标并成为无形资产，借助电子商标逐步培养企业自己的文化，发挥企业文化对消费者群体的感染作用。在品牌效应支撑下，淘宝网消费者通过品牌就可以联想到企业的产品，促进企业实物产品的销售，实现产品销售与品牌形象提升相辅相成的效应。

（2）服务产品策略。淘宝网平台下的市场竞争，对产品本身以及配套的服务均提出较高要求。淘宝网消费者市场并不会无限扩大，近年来逐步呈现出饱和态势。企业在淘宝网平台中提供的"产品"不仅仅局限于实体产品本身，产品销售过程中提供的服务也属于"产品"的一部分，例如经常提到的产品发货速度，就是产品服务之一。因此在产品策略中要重视服务产品策略的作用，通过服务性策略提升产品的"附加值"。淘宝网平台中的评论都是完全公开的，消费者对企业产品服务的不满，都会体现在完全公开的评价之中，对产品销售乃至企业形象的影响都是非常显著的。企业应当认识到服务产品策略的重要性，根据企业产品提供售前售后的咨询跟踪服务，不断完善淘宝网在线服务体系，使得消费者在购买本企业产品时，享受到更加贴心高效的服务，助力企业在淘宝网平台中的市场竞争。企业可以借助淘宝网提供的阿里旺旺程序构建在线客服体系，打通与淘宝网消费者群体的沟通渠道；消费者咨询的有关企业产品的任何问题，都能在第一时间内得到解答；企业客服采用视频、图片等多种展示方式回复客户的问题，提升问题回复质量以及消费者的印象值。另外要注意与物流渠道的合作，选择效率较高的物流渠道，提升产品物流服务质量。

（3）产品信息策略。淘宝网平台提供了互联网环境下的市场竞争机制，但是淘宝网平台中的店铺众多，大量店铺与产品信息集中在淘宝网平台界面中，带给消费者眼花缭乱无所适从的感觉。若要消费者在淘宝网平台林林总总的信息中快速定位本企业的产品，则是企业提升淘宝网竞争能力的关键，需要企业制定产品信息策略。企业需要综合考虑产品信息的设计过程，统筹考虑产品本身信息、促销海报信息、好评界面等多种要素，同时注重与同类商家产品的比较，吸收别家产品信息展示方面的优势，不断提升企业自身产品的信息展示效果。通过产品信息策略，企业产品在淘宝网平台中的醒目度明显提升，激发消费者购买本企业产品的欲望，由此可见产品信息展示同样也是企业产品的"附加值"。制定产品信息策略时要注意实体消费群体与淘宝网消费群体的差异，在淘宝网平台中宣传产品信息不宜采取传统的扩大声势的路径，"信息"始终是淘宝网平台产品宣传的核心；具体来讲就是产品信息的维护、更新和推送，主动出击令更多淘宝网消费者了解并关注本企业产品信息。产品信息策略又可以细分为产品信息、服务信息、价格信息三个方面，覆盖企业产品的本身因素、服务因素以及价格因素，充分对应淘宝网平台下对"产品"的完整定义。企业在淘宝网平台中广泛推送产品升级信息，通过服务信息实现产品的包装效应，充分适应互联网平台的特征；制定产品价格信息时要掌握淘宝网消费群体"货比三家"的心理特点，为淘宝网消费者提供本企业产品的定价原则，通过定价体系的透明效应，提升消费者对本企业产品价格的认同度，在淘宝网价格战中占据先机。

（二）价格策略

任何消费行为都会深受价格因素的影响，在淘宝网平台环境中同样如此。企业制定产品价格时需要掌握同行业的整体定价标准以及企业产品的定位，多数企业可能会采取略低于同类产品平均价格的策略，保证企业产品竞争力以及利润效益。但是价格也不是市场竞争的全部，特别是在消费者的经济能力整体提升的背景下，购买产品的决定因素不仅只有价格，产品的品质以及服务扮演更重要的角色。制定价格策略时要注意把握差异化因素，避免将全部精力集中在价格竞争领域，多角度出击扩大市场份额。另一方面，淘宝网平台也为消费者的"比价"提供了丰富的信息和便利的渠道，消费者的"比价"成本相比于实体消费环境明显降低，产品定价不合理意味着在淘宝网市场竞争中居于下风。在确定产品品质层次的基础上，根据该品质层次的平均价格水平适当调低，则是价格策略的基本原则；这里将其概括为中低价位定价策略，通过这种价格策略提升产品吸引力。

（三）渠道策略

渠道是企业经营的灵魂，企业参与市场竞争，离不开渠道体系的建设；结合淘宝网平台环境，企业需要在产品分销、结算以及物流配送等方面加强渠道建设力度，助力企业淘宝网销售体系的运营。

（1）分销渠道。企业在淘宝网平台中销售产品基本为本企业制造，质量与成本的优势因素显而易见。企业通常会构建营销渠道，基于营销渠道以及淘宝网平台特征建立分销渠道，服务于产品的淘宝网体系。例如企业入驻淘宝网分销平台，与淘宝网的小规模自营卖家建立合作关系，将本企业产品通过自营卖家进行销售。这种方式兼顾提升产品销量和构建品牌的双重要求，但是需要与分销自营卖家"约法三章"，包括最低销售价格的设置、分销卖家与企业利益分成等；同时要加强分销渠道的管理力度，对分销商的销售能力和职业道德进行综合评价，由此确定是否与分销商建立长期合作关系；针对长期合作的分销商建立互惠互利的关系，例如折扣政策、奖励政策等，通过分销商的积极性促进产品的销售。

（2）结算渠道。淘宝网平台的不断壮大，意味着与结算平台的合作范围更加广阔。目前淘宝网平台支持数百家国有银行、商业银行等金融机构的支付结算方式，通过支付宝也可以在淘宝网平台中结算。企业需要充分利用淘宝网平台提供的结算资源，结合企业经营状况建立结算渠道。信用卡支付是结算渠道的必备因素，淘宝网平台中使用信用卡支付的消费者群体越来越多，建立信用卡支付体系，有助于提升淘宝网消费群体黏度。要注意淘宝网平台中的"确认收款"方式，很多淘宝网消费者在收到货物后并不会立即确认收款，而是在到达"确认收款"的最后期限后，由淘宝网平台自动完成收款。由于最长期限设定为 10 天，消费者的延迟支付行为对企业的资金周转造成不良影响并提升企业的无形经营成本。基于促使消费者快速支付、促进资金回笼流动的目的，企业可以开展好评抽奖活动，刺激消费者在收费后立刻确认收款并给予好评，促进企业资金的快速回收。另外要注意淘宝网平台中的新用户消费群体，该部分群体对淘宝网平台的支付结算过程尚不熟悉，对淘宝网卖家的销售活动产生无形影响。企业应当注重对这部分群体的操作流程指引，在展示产品信息的同时，提供清晰明了、简洁易懂的消费支付流程，通过贴心的支付服务提升消费者的亲近感。

（3）配送渠道。淘宝网消费者来自五湖四海，部分消费者所处地区的物流交通条件并不便利，甚至处于物流体系的"盲区"。企业构建配送渠道时，需要考虑到消费群体区域的物流环境，在与第三方物流企业加强合作的同时，重视与 EMS 的合作，打通企业产品销售物流的"盲区"；同时为消费群体提供多元化的物流选择，借助人性化的配送渠道提升企业服务质量。

（四）促销策略

企业在淘宝网平台中的促销策略覆盖产品本身以及外部环境两种要素。

（1）产品销售促销。企业在淘宝网中的销售促进策略概括为打折、免运费、会员积分等多种方式；产品从企业发送、最终被消费者接受的过程必然产生运输费用，企业通过承担运费方式，最大限度降低消费者通过淘宝网购买本企业产品产生的额外费用，提升消费者对企业的印象值，促进消费者对本企业产品的消费欲望。打折是最常见的促销方式，企业应当准确认识打折行为的本质，以节庆活动为契机开展产品打折促销活动，这种产品折扣方式是不定期的。在商品打折方面也可以采用一定技巧，对企业产品进行加工包装，为产品赋予更多"附加值"并调高价格，随后通过打折方式进行促销，打折后的价格实际上与加工包装前的产品价格相似，但是给消费者一种"打折降价"的感觉。这种打折行为实际上触及产品促销的"灰暗区"，原则上尽量不要使用这种方法。会员积分着重发挥淘宝网消费者的消费累积效应，例如消费者购买企业产品就会成为本企业会员并获得基础积分，积分伴随着购买行为的增多而不断积累；消费者的会员积分达到一定高度，就可以获取对应的优惠权限，由此促进消费者对本企业产品的消费行为。

（2）外部环境促销。企业的产品促销行为充分利用淘宝网平台的外部环境；以淘宝网平台的搜索优化规则为例，加大对爆款商品名称的研究力度，确定商品名称的关键词应用规律，提升商品关键词的使用合理度，提升商品信息的吸引力，吻合淘宝网平台的搜索规则。利用大数据原理对淘宝网平台检索流量进行分析，掌握淘宝网商品检索的高峰时段和低谷时段，提升企业产品宣传资源的投放合理度，在高峰时段加强产品宣传力度，借助外部环境力量提升产品销售规模。

企业若要在激烈的消费者市场竞争中占据先机，利用淘宝网电子商务体系进行销售工作是必经之路。在淘宝网平台进行市场营销的过程中注重经验和手段的积累，提升企业互联网电子商务能力，推动企业销售能力的提升。

第四节 电子商务时代下零售行业市场营销分析

与传统市场营销相比，建立在网络信息基础、以线上交易为主要形式的电子商务营销模式，为行业转型升级注入新动力的同时，也使其面临着巨大的挑战，而如何确保零售行业市场的健康化发展，则是目前零售企业市场营销工作模式优化调整的主要目的。作为企业商业化发展模式，市场营销工作质量是影响企业生存和发展的重要因素，就目前来讲，在电子商务全面迈进的新市场经济常态下，无论是零售行业市场还是市场营销都发生了显著变化，营销模式调整不规范、不合理的现象在影响行业市场稳健发展的同时也不利于区域稳定性格局的构建，为此，立足动态化市场发展趋势，以消费者需求为导向对营销方案进行不断调整和优化迫在眉睫。

一、电子商务时代下零售行业的市场营销变化剖析

零售企业的规模化建设和快速化发展，在推动产业经济效益的同时，为在有限

市场空间中优先抢占市场资源，确保营销工作的高质量开展提供保障。作为市场营销的天然资源，网络环境相比传统线下推广，可借由自身受众群体基数大、传播形式多样化、点对点精准营销、信息传播资费低廉以及可有效增加客户黏性等优势开展营销工作，由此在降低推广成本的同时提高推广效率，目前，在互联网和电商共同推动的电子商务时代下，零售行业的市场营销发生了如下变化。

（一）市场营销范围增加，贸易速度得到了提升

营销范围是影响企业市场竞争力和经济效益的重要因素之一，而相比传统链条式多环节的营销模式，借由网络虚拟化手段进行的现代化营销策略，在打破营销时空、地域限制的同时，商家和用户可随时随地进行交易，范围的不断扩大在拓展零售行业销售市场的同时，还能吸引更多的新用户，保障了行业可持续发展目标的实现。目前阶段，在营销时，通过合理化利用信息技术，不仅增强了人际传播效果、简化了贸易环节，而且在显著提高贸易流通速度的同时，还能以最快的速度帮助用户全面掌握和了解产品信息，从而实现对新用户的有效挖掘。

（二）市场营销环节大幅缩减，营销成本得到了降低

在传统链条式多环节营销模式中，产品自生产到消费者手中会经由"生产商——一级代理商—二级代理商—批发商—零售商—终端消费者"等多个环节，在影响销售效率的同时还增加了销售成本，久而久之不仅严重损害了零售行业自身的经济效益，对区域稳定性格局的构建也是极其不利的。在电子商务时代下，B2B（企业对企业）系统和B2C（企业对消费者）系统的形成，企业也可在与用户实现直接沟通互动的前提下来了解和掌握市场的动态变化和市场需求，在跳过中间商的同时显著提高了企业营销和用户兴趣之间的精准化匹配，并以消费者需求为生产导向刺激用户的个性化消费，为生产商和消费者之间"双赢"局面的形成创造良好条件。除此之外，以用户需求为导向，基于市场动向发展下通过向需求用户提供需求信息的营销方式，在一定程度上还拉近了生产商和消费者之间的距离，由此在促使消费者成为企业忠实用户的同时实现了行业的可持续发展。

（三）产品交易模式的转变，刺激了消费者的消费积极性

当下随着科学技术的不断发展，在线支付方式的普及为电子商务时代下营销模

式的转变创造了良好条件。经调查，相比现金、支票等传统支付方式，微信、支付宝等现代化支付方式因其本身的私密性和安全性得到了广泛应用，并逐渐成为市场营销的主要交易方式，保障了行业营销工作的高质量开展。相比线下客观性的实体销售，线上销售的虚拟性在一定程度上往往存在一些安全隐患，再加之由于线上交易的部分参与者是虚拟企业，并不具备实际法人，因此电子货币的使用在有效降低传统支付方式繁琐性的同时，还显著增加了资金流动的安全性，保障了行业稳定性格局的高效构建。

二、电子商务时代下零售行业的市场营销问题剖析

（一）营销平台运作问题剖析

电子商务时代的全面迈进，"网络营销"是企业营销工作高质量开展的重要渠道，为行业发展注入新动力的同时，平台营销运作是否存在问题，对于行业发展而言具有重要的影响。当前大部分零售行业网络市场营销工作的开展仍主要依赖于网页进行，虽然这种运作模式具有低成本的优势，可由于营销环节对接不畅、营销渠道单一等问题的普遍存在，加之缺乏系统化的推广计划，导致营销体系无法合理化形成的同时也削减了消费者的购买欲。

（二）营销平台设计问题剖析

相比传统营销模式，网络营销省去了中间商，为生产商和消费者"双赢"局面的形成创造了良好条件，与此同时也给传统营销渠道带来了强烈的冲击。目前来看，在网络营销时，为确保营销效益的最大化发挥，对网络营销平台进行合理化设计是十分必要的，只有确保平台科学化地把控了线上、线下的有序互动，并在实现产品深度融合、订单深度融合以及会员深度融合的基础上推动零售市场的稳健发展。

（三）营销服务质量和信任问题剖析

虽然传统营销模式在电子商务全面迈进的时代下，弊端问题日益显露，可产品的可观性也是线上营销模式所不具备的优势，与此同时，随着网络交易平台的诞

生，网络购物的普及化虽然为零售电子商务行业的发展注入了新动力，可由于在网络信息化时代下，商家和用户之间是通过虚拟平台进行沟通和交流的，沟通不畅、售后服务工作不到位等问题的存在，在影响双方心情的同时还极易导致核心用户群体的流失，消费者对网上交易的信任度大打折扣。除此之外，由于网络销售是基于虚拟环境下展开的，某些零售企业生产商为提高企业的销售量，往往只是加强了对前期服务工作的关注却忽略了售后服务，在影响消费者二次购买欲的同时也阻碍了行业的可持续发展。

（四）营销中信息风险问题突出

网络营销是建立在网络信息基础上的，以线上交易为主要形式，换言之，它是在网络虚拟环境中进行的，因此，在当前零售市场行业市场营销中，营销信息交互的安全性问题也受到了交易双方的高度关注。在消费者购买商品时往往会习惯性地查阅购买评论，因此部分企业的竞争对手伪装自身身份，成为参与营销交易的用户，购买商品后恶意做出中差评或散布不实信息和谣言，在影响企业声誉和形象的同时导致行业市场竞争无序化问题较为严重，长此以往，在影响企业可持续发展目标实现的同时也不利于区域稳定性格局的构建。

三、电子商务时代下零售行业市场营销问题的处理对策

（一）健全完善的平台营销机制，加快营销基础设施建设

相比传统的营销模式，网络营销具有受众群体基数大、传播形式多样化、点对点精准营销、信息传播资费低廉以及可有效增加客户黏性等无可比拟的优势，因此，近年来在电子商务全面迈进的时代，这种营销模式得到了广泛应用。可在模式具体实施过程中，由于营销平台运作问题的严重化，导致营销践行效益未能得到充分发挥，而要想为后续零售行业市场营销推广工作的高效化开展创造良好条件以及促使企业在激烈的市场竞争环境下仍保有竞争力，健全完善的平台营销机制成为行业实现资本快速回笼的首要工作。

就目前来看，零售行业在规模化建设过程中，为促使企业可持续发展，在平台营销机制建立过程中，企业需对当下零售行业市场动向变化进行深入探究，并基于

企业自身优势制定科学合理的市场营销计划并完善企业市场营销工作，以此在满足不同群体个性化消费需求的基础上确保企业最大化效益的实现。在电子商务时代下，消费者和生产商彼此之间有一个互相认知的过程，在营销网络体系制定时企业需以用户服务为中心，通过建立专业的微信营销团队，将营销工作的重点放在信息推送和客户维护等方面，在确保客户接收高质量信息的同时巩固生产商和消费者之间的关系，由此为后期点对点精准传播目的的达成创造良好条件。除此之外，在激烈的零售市场行业竞争环境下，为保证电子商务市场营销优势的充分发挥，现阶段企业还需充分借助当前先进的科学技术手段，通过加快电子商务网络基础设施建设和配置，为后期商务体系运行工作的顺利开展打下坚实的基础，同时促使"生产、营销、配送、售后服务"一体化链条的形成，进而显著地提升零售企业的整体营销效率，与此同时在电子商务基础设施建设和完善工作结束后，企业还需加强对其的日常检查和维护，以期在满足电子商务市场环境需要的基础上提升企业的经济效益和市场竞争力。

（二）对市场营销模式合理设计，确保"线上+线下"的高度融合

网络营销中，产品陈列以及网页板块设计是否合理化、从某方面对于行业可持续发展目标的实现具有重要影响，为此零售行业要想在激烈的市场竞争环境下提升企业竞争力，对市场营销模式合理设计已迫在眉睫。在店铺首页设计时，首先店铺需在明确自身面对受众群体消费能力和特点的基础上保证首页内容能体现消费定位和商家的整体实力，与此同时在商品资料编排过程中还要尽可能填写产品的详细信息，在企业店铺右下角编辑最具有吸引力的促销信息来吸引消费者的注意力，激发消费者的购买欲望。在进行视觉营销策略推广过程中，排版是否合理、颜色搭配是否科学对于行业可持续发展目标的实现具有重要影响，为此商家可在成功网店设计风格的基础上结合自身特点进行设计，以各种方式缩短客户与企业之间的距离。

在零售业规模化建设过程中，为确保市场营销工作效益的最大化发挥，零售企业还需以消费者需求为中心，紧跟市场动态化发展趋势对市场营销模式进行不断创新，在全面提升消费者对企业产品的满意度、认可度的基础上为行业发展注入新动力。零售行业在市场营销时，可通过采取"线上+线下"产品深度融合、"线上+线下"订单深度融合以及"线上+线下"会员深度融合的营销战略，实现零售企业高质量发展目标。在"线上+线下"产品深度融合战略实施过程中，零售企业需做好

如下工作——保证"线上"零售店和"线下"实体店产品价格一致性以及确保"线上"零售店和"线下"实体店产品质量一致性，即在电子商务时代背景下，线下零售和线上零售都需秉承"一切为消费者服务"的销售理念，线下实体和线上零售都根据店铺成本对产品价格进行调整，在尽可能保证两者一致性的前提下降低零售店铺成本对产品价格的影响，由此促使两者之间形成互惠合作的关系，线上零售店或是线下实体店都需对市场进行系统化剖析，并在不断提高对产品品质关注度的前提下，保证两者产品质量的一致性。在"线上+线下"订单深度融合战略实施过程中，为确保预期战略目标的实现，零售行业需做好如下工作：加大宣传力度以及扩展销售渠道，在宣传时，零售企业需拓宽线上宣传的渠道加大力度，通过采取多样化的营销手段（微信群、QQ群、微商、微信公众号、主播直播间讲解、试用产品），通过拉近线上商户与消费者之间的距离，使其建立信任关系，从而不断提升商户营业额。零售企业还需要不断提高对前期市场调研工作的重视度，通过全面了解受众群体个性化的需求，基于动态化市场发展趋势对线上、线下零售营销方案、营销内容、产品更新等进行不断调整，在统筹销售各环节工作内容的前提下激发消费者的购买欲。最后借由互联网的信息共享，客户在线上下单以产品共享的模式传递给线下零售实体店，线下实体店在接收信息后将产品及时快速地送到消费者手中。

综上所述，在现阶段零售行业规模化建设过程中，行业市场竞争愈演愈烈，作为影响行业市场企业生存和发展的重要因素，营销工作的高质量开展对于市场稳定性格局的构建以及推动国民经济可持续发展具有重要意义。目前在电子商务全面推进的时代背景下，市场营销工作的开展成效并不乐观，故此，要想不断提升营销水平和质量，对市场营销策略进行不断调整是改善零售行业低迷化发展现状的重要途径。

第五节　基于电子商务平台的特种产品市场营销渠道分析

传统特种产品市场营销面临产品信息扩散速度滞缓、产品服务质量亟待提高和缺少有效互动等现实难题。因此，在新的"互联网+"营销环境下，以电子商务平台为基础，完善特种产品市场营销渠道建设时，需要坚持从消费者视角出发，精准把握受众需求，通过强化产品内涵核心、精准探寻特种产品的市场定位，掌握品牌定位策略，重构特种产品的市场营销范式。本节将结合《O2O 实战二维码全渠道营销》一书，分析基于电子商务平台的特种产品市场营销建设价值，探索基于电子商务平台的特种产品市场营销渠道建设方向与实际路径，以期为当前充分适应电商环境，促进特种产品市场营销模式智慧升级。

由何福贵、张伟罡主编，电子工业出版社于 2020 年 4 月出版的《O2O 实战二维码全渠道营销》一书，主要以 O2O 营销为研究对象，从走进 O2O 世界、O2O 商业营销模式、O2O 客户营销、O2O 营销中的移动支付、O2O 的社会化营销、O2O 与大数据、打造优秀的 O2O 平台、二维码云平台—统计分析报表（模拟数据）等多个角度对 O2O 实战进行全面论述，提出了 O2O 与传统电子商务的区别、O2O 的属性、优势、现状及发展方向、二维码移动营销的价值、星巴克 O2O 线上营销策略、二维码在移动票务中的应用、评估 O2O 商业效率的四大维度、基于 LBS 的 O2O 产业价值链与商业模式、移动支付的基本要素、O2O 与社会化营销的关系、大数据下的云计算、O2O 数据库安装配置、适合社会化营销的企业、ME31 POS 终端驱动安装与银行卡添加、用户位置示意图分析等观点，为读者掌握 O2O 营销的相关的重难点知识提供了重要指引。本节具有以下特点：

一、主线明确，内容丰富

本节以"O2O 营销技巧—O2O 物联网技术—O2O 实践操作"为研究主线，既注重 O2O 营销理论与前沿技术相结合，又兼顾实践应用中典型的操作任务。本节研究教材中的每个实践任务均源自企业的典型案例，与每个章节的理论知识相对接，按照"项目导向，任务驱动"的理念，旨在让学生在真实的营销工作情境中整体掌握解决专业问题的能力和技术思维方式，加强对综合职业能力的培养。另外，本节研究内容丰富，通过从什么是 O2O、O2O 与传统电子商务的区别、O2O 模式的消费流程、O2O 的属性、优势、现状及发展方向等角度提出了走进 O2O 世界，从 O2O 营销的模式与基础工具、O2O 营销的四大模式、O2O 营销的四大基础工具、O2O 引流的新生力量——二维码、二维码移动营销的价值等视角分析了 O2O 商业营销模式，从 O2O 客户的三种类型、O2O 客户递进的四大等级发展方向、LBS 在 O2O 客户营销中的作用、基于 LBS 的 O2O 产业价值链与商业模式、LBS 的市场应用细分等视角分析了 O2O 客户营销，实现了 O2O 实战二维码全渠道营销的完整解读。面对新的市场形势，做好特种产品市场营销工作的难度与复杂程度不断提升，面临的营销风险类型也更为多元，新的电子商务平台不仅更容易使商业创意变为现实，创造出更大的市场回报，还能充分发挥创新技术优势，快速有效地吸引消费者，在销售平台与消费者实时互动、及时沟通过程中，收集精准反馈，极大地推动了特种产品的市场营销模式创新。随着"互联网+"不断推进，电商经济取得了很大发展。通过利用电商平台，不仅使资源配置的有效性得到快速提升，也极大地推动了产品的品牌塑造、营销模式不断创新发展。针对特种产品的个性化因素，在创新营销模式，重构营销渠道时，要注重融合特种产品的实际特征，建立双向友好关系，增加了特种产品的市场受众，借鉴新的先进营销模式，助力产品营销。在"互联网+"环境下，用户主导、复杂竞争成为影响产品市场营销成效的重要因素。在开展特种产品营销时，通过集聚优势发展资源，在有序扩大产品市场规模、增加市场体量的基础上，通过顺应市场营销规律，重构特种产品营销模式，促进特种产品营销。在传统的营销模式中，产品营销大多仅重视产品包装、广告推广和产品定价策略等，虽然这些信息可以让消费者能够了解产品本身，但是不能够有效刺激和吸引消费者，难以将产品营销转化为直接购买行为。在激烈的电商市场竞争中，为确保特种产品取得良好的市场份额，需要充分发挥电商平台的载体优势。例如，可以开通微博账号、抖音媒体对产品进行推广，通过引入新的互动场景，不仅改善了消费者的购买体验，也使企业产品与消费者之间形成了新的互动、交流关系。随着当前电商营销模式不断成熟，在要充分关注智慧数据与智能技术成熟应用的时代趋势，通过从关注电商平台、智慧媒体与消费者需求等多元属性出发，注重对用户的消费行为、搜索习惯进行数据分析，为推进特种产品的精准营销、科学营销提供有效指引。

二、重点突出，类型完善

本节研究重点突出，论述类型完善，通过从移动支付的发展、移动支付的基本要素、移动支付的商业模式、移动支付应用案例分析、打车软件大战等角度进行论述，实现了 O2O 营销中移动支付的完整解读。另外，本节从社会化营销、什么是社会化营销、社会化营销的优点、社会化营销的三大要素、适合社会化营销的企业、社会化营销的关键、O2O 与社会化营销的关系、社会化营销的策略、社会化营销的评估指标等多元视角分析了 O2O 的社会化营销。与此同时，本节以什么是大数据、大数据的起源、大数据的特征、大数据下的云计算、大数据应用案例分析，为推进 O2O 与大数据融合奠定了重要基础。当前社会进入消费者主导的新环境，营销的重心已转移至完善消费者互动机制，尊重消费者多元参与诉求等层面。通过利用电商平台优势，使受众群体充分了解特种产品的内在特征，全面提升营销效能。在开展特种产品市场营销时，只有开展针对性强、实效突出的市场营销机制，才能有效减少特种产品信息传递、沟通障碍，促进特种产品市场营销体系的全面升级。充分发挥电商平台的互动优势，积极重点展示特种产品的特色，彰显产品的内在优势，助力产品销售，还可以借助电商平台动态、完整的方式，营造良好的消费体验，传递特种产品的特征，实现特种产品与消费者的深度沟通、有效互动。基于电子商务平台的特种产品市场营销活动，在立足电商平台属性的基础，通过充分关注用户的购物需求、购物习惯，积极利用智慧技术，构建线上、线下一体的特种产品市场营销渠道。通过发挥电商平台优势，利用电商平台的技术与数据支持优势，充分挖掘电商平台在特种产品市场营销中的独特价值，为实现特种产品的精准营销、科学营销奠定了坚实基础。随着当前"互联网+"营销模式不断成熟，在利用电商平台开展营销活动时，要从传统信息搜索、产品展示升级为包含图文、短视频和直播等多元技术构成的信息流、直播广告多元化营销途径，持续加深和优化特种产品的展示内容，真正实现"品效合一"的营销目标。

三、案例丰富，指导应用

本节研究案例实用，讲解语言通俗易懂，通过从理论与实践方面等全视角剖析了 O2O 营销的整个过程，使读者能够由表及里、循序渐进地掌握 O2O 营销的相关的重难点知识。通过对 O2O 营销实训平台概述、O2O 数据库安装配置、应用服务器配置、二维码的管理与应用、商城签到积分推送、O2O 移动支付的应用、ME31 POS 终端驱动安装与银行卡添加等内容进行论述，使读者对打造优秀的 O2O 平台形成了完善认识。另外，本节通过对商店商品信息添加、优惠券、扫码购物、ME31 POS 终端驱动安装与银行卡添加、餐厅收银、商店收银、收款宝进行论述，提出了 O2O 移动支付的应用。通过对流量分析、客户端分析、访客结构特征分析、地区访问量分析、用户位置示意图分析、智能比较进行论述，提出了二维码云平台—统计分析报表。第一，要注重做好特种产品的品牌建设与塑造工作，通过充分适应电商营销环境，注重完善品牌建设，全面提升特种产品的实际影响力。品牌的知名度、理解度和美誉度是影响消费者购买行为的重要因素，塑造良好的品牌形象，有助于增加受众群体对产品的了解程度，直接影响消费者的购买决策。以 1961 年美国广告学家瑞瑟·科利提出的"DAGMAR 模式"为例，其中强调要充分发挥记忆、信任和满意等因素在品牌传播中的重要性，为特种产品利用电商平台开展营销提供了有效启示。品牌既是蕴含特种产品的质量、口碑等基本信息的重要载体，也是增强特种产品市场辨识度的重要体现。在当前依托电子商务平台，开展特种产品市场营销活动时，要通过精准产品的市场定位、重构产品的市场营销机制，促进消费者从电商平台海量产品信息中，快速找到与自身消费目标相匹配的特种产品。第二，要注重发挥大数据平台的应用优势，积极按照目标客户群体制定相应的产品营销方案，切实提高产品供给与消费者需求的匹配度。产品定位作为重要的品牌战略，是直接影响消费者购买决策的重要基础。在当前利用电商平台，完善特种产品市场营销渠道时，要对消费者的感觉与认知进行合理加工，使消费者对特种产品的信息、特征形成特殊认知、联想，从而建立良好的产品印象。因此，以电子商务平台为基础，拓宽特种产品的市场营销渠道时，要坚持以互联网技术为依托，通过对特种产品的交易数据信息、市场需求进行广泛收集，通过对产品进行合理分类，充分突出特种产品的个性化特征，建设个性化的品牌理念。第三，融合电商规律，全面提升特种产品的营销效率。随着当前电商平台发展建设更加成熟，在利用电商平台开展特种产品营销工作时，需要积极向智能化、个性化与内容化方向发展。通过重点解决消费者的实际痛点，加大数据信息与产品营销的深度融合，通过为消费者创造良好的互动参与生态，全面提升电商平台的黏性。

本节系统化阐释了 O2O 商业营销模式、O2O 客户营销、O2O 营销中的移动支付、O2O 的社会化营销等内容，有利于当前适应新的市场营销环境，充分做好 O2O 营销工作。在纷繁错杂的市场营销环境下，品牌定位与营销模式是化解特种产品营销难题的重要基础，也是特种产品实施品牌战略的重要方式。通过发挥电商平台在特种产品营销中的独特优势，将特种产品特征贯穿、融入产品营销、品牌塑造的全过程，实现特种产品营销体系的完整构建。

参考文献

[1] 粟练勇. 伙伴型营销关系研究 [D]. 湘潭：湘潭大学，2006.

[2] 佩尔顿，斯特拉顿，伦普金，等. 蒋青云，等，译. 营销渠道：一种关系管理方法 [M]. 北京：电子工业出版社，2004：234-237.

[3] 刘森. 权利理论基础上的市场营销渠道沟通研究 [D]. 北京：首都经济贸易大学，2009.

[4] 黄景因. 农产品渠道关系质量对渠道冲突影响的实证研究：以南昌山市青山湖区农产品企业为例 [D]. 南昌：江西财经大学，2011.

[5] 章昌斌. 渠道关系质量、渠道关系行为与经销商绩效之间的关系研究：基于供应商视角 [D]. 湖北：武汉大学，2005.

[6] 姚作为. 关系质量的关键维度：研究述评与模型整合 [J]. 科技管理研究，2005（08）：132-137.

[7] 刘益，钱丽萍. 制造商影响战略的使用与零售商的知识转移：渠道关系持续时间的调节影响 [J]. 管理世界，2010（02）：93-105.

[8] 唐鸿. 营销渠道权力对渠道关系质量影响的实证分析 [J]. 软科学，2009，23（11）：140-143.

[9] 邹铃. 经销商渠道权力的使用对制造商态度承诺、关系满意的影响分析：以医药行业为例 [D]. 杭州：浙江工商大学，2010.

[10] 曾越军. 浅析营销渠道行为理论 [J]. 科技与创新，2014（11）：116-117.

[11] 李崇光. 蔬菜营销渠道合作关系与合作绩效研究 [D]. 武汉：华中农业大学，2012.

[12] 黄丽薇. 营销渠道的逆向模式 [J]. 经济管理，2001（13）：49-51.

[13] 郑锐洪. 营销渠道管理 [M]. 北京：机械工业出版社，2012：84-87.

[14] 徐建忠. 营销渠道结构设计 [J]. 中国物流与采购，2007（14）：66-67.

[15] 勒斯克，邓恩，卡弗，等. 杨寅辉，等，译. 零售管理 [M]. 北京：清

华大学出版社，2011：95-124，447-448.

[16] 科特勒，阿姆斯特朗，游汉明，等. 何志毅，赵占波，译. 市场营销原理（亚洲版·第2版）[M]. 北京：机械工业出版社，2010：98-105.

[17] 贝赞可，德雷诺夫，尚利，等. 詹正茂，等，译. 战略经济学 [M]. 北京：中国人民大学出版社，2006：147-172.

[18] 博依斯. 刘伟，等，译. 新管理经济学 [M]. 北京：中国市场出版社，2006：236-253.

[19] 月特. 灵思泉，等，译. 渠道分销 [M]. 北京：京华出版社，2012：3-7.

[20] 普特曼，克罗茨纳. 企业的经济性质 [M]. 上海：上海财经大学出版社，2000：79.